AF237621

KALENDER

☞ JAHRESKALENDER

☞ MOLAD-ZEITEN

☞ LISTE DER HAFTAROT

für die Jahre
5782 und 5783

Chajm Guski:
Luach – ein jüdischer Kalender für die Jahre 5782 – 5783

Gelsenkirchen

Juli 2021/Tammus 5781

Chajm Guski
www.sprachkasse.de
chajm@sprachkasse.de

Ein Titeldatensatz für diese Publikation ist bei der
Deutschen Nationalbibliothek erhältlich.

Herstellung und Verlag: BoD – Books on Demand, Norderstedt

ISBN 9783754311998

INHALT

ZUR VERWENDUNG

Der Kalenderteil enthält das Datum nach allgemeiner Zeitrechnung, den Wochentag und einen Eintrag mit Daten für das jeweilige Datum.

○   Rosch Chodesch (Neumond) wird mit diesem Symbol gekennzeichnet.

⛩   zeigt den Wochenabschnitt an.

In dieser Spalte wird auch die Zeit für Molad angegeben.
In der Mitte jeden Tages ist die Angabe des Daf Jomi und in der letzten Spalte findet man das entsprechende Datum im jüdischen Kalender.
Die Liste der Torahabschnitte ist alphabetisch sortiert. Dies

4

erleichtert ein schnelles Auffinden des gesuchten Abschnitts. In der chronologischen Abfolge findet man sie im Kalenderteil. Anschließend sind auch alle Torababschnitte für alle Fest- und Fastentage angegeben.

Der Monat dauert im Durchschnitt 29½ Tage und läuft durch vier Mondphasen: Erstes Viertel, Vollmond, letztes Viertel und Neumond. Der Monat wird dementsprechend in vier Einheiten geteilt: Die Woche. Die jüdische Woche beginnt nach dem Ende des Schabbats am Samstagabend mit dem »ersten Tag«. Der jüdische Tag beginnt am Abend. Deshalb beginnt der Schabbat am Freitagabend und nicht am Samstagmorgen. Dies wird mit dem 1. Buch Mosche (Vers 5) begründet: »Und es wurde Abend und es wurde Morgen, ein Tag.«

Außer »Schabbat« hat kein Wochentag sonst einen eigenen Namen:

Bezeichnung	Tag	Hebräisch	Abkürzung
Erster Tag	Sonntag	יום ראשון	יום א'
Zweiter Tag	Montag	יום שני	יום ב'
Dritter Tag	Dienstag	יום שלישי	יום ג'
Vierter Tag	Mittwoch	יום רביעי	יום ד'
Fünfter Tag	Donnerstag	יום חמישי	יום ה'
Sechster Tag	Freitag	יום שישי	יום ו'
Schabbat	Schabbat	יום שבת	שבת

5 Sonntag		Beitzah 5		28 יום ראשון
6 Montag	**EREW ROSCH HASCHANA**	Beitzah 6	Molad: 23:27; 11 Chalakim	29 יום שני
7 Dienstag	**ROSCH HASCHANA** 5782	Beitzah 7		1 יום שלישי
8 Mittwoch	**ROSCH HASCHANA II**	Beitzah 8		2 יום רביעי
9 Donnerstag	**TZOM GEDALJAH**	Beitzah 9		3 יום חמישי
10 Freitag		Beitzah 10		4 יום שישי
11 Schabbat	**SCHABBAT SCHUWA**	Beitzah 11	⛺ **WAJELECH**	5 שבת
12 Sonntag		Beitzah 12		6 יום ראשון
13 Montag		Beitzah 13		7 יום שני
14 Dienstag		Beitzah 14		8 יום שלישי
15 Mittwoch	**EREW JOM KIPPUR**	Beitzah 15		9 יום רביעי
16 Donnerstag	**JOM KIPPUR**	Beitzah 16		10 יום חמישי
17 Freitag		Beitzah 17		11 יום שישי
18 Schabbat		Beitzah 18	⛺ **HA'AZINU**	12 שבת

אלול

תשרי

19 Sonntag		Beitzah 19	13 יום ראשון
20 Montag	**EREW SUKKOT**	Beitzah 20	14 יום שני
21 Dienstag	**SUKKOT I**	Beitzah 21	15 יום שלישי
22 Mittwoch	**SUKKOT II**	Beitzah 22	16 יום רביעי
23 Donnerstag	**SUKKOT III (CHOL HAMOED)**	Beitzah 23	17 יום חמישי
24 Freitag	**SUKKOT IV (CHOL HAMOED)**	Beitzah 24	18 יום שישי
25 Schabbat	**SUKKOT V (CHOL HAMOED)**	Beitzah 25	19 שבת
26 Sonntag	**SUKKOT VI (CHOL HAMOED)**	Beitzah 26	20 יום ראשון
27 Montag	**SUKKOT VII (HOSCHANA RABA)**	Beitzah 27	21 יום שני
28 Dienstag	**SCHEMINI ATZERET**	Beitzah 28	22 יום שלישי
29 Mittwoch	**SIMCHAT TORAH**	Beitzah 29	23 יום רביעי
30 Donnerstag		Beitzah 30	24 יום חמישי
1 Freitag		Beitzah 31	25 יום שישי
2 Schabbat	**SCHABBAT MEWARCHIM CHESCHWAN**	Beitzah 32 **BERESCHIT**	26 שבת

TISCHRI/CHESCHWAN 5782

3 Sonntag		Beitzah 33	27 יום ראשון
4 Montag		Beitzah 34	28 יום שני
5 Dienstag		Beitzah 35	29 יום שלישי
6 Mittwoch	○ CHESCHWAN	Beitzah 36 Molad: 12:11, 12 Chalakim	30 יום רביעי
7 Donnerstag	○ CHESCHWAN	Beitzah 37	1 יום חמישי
8 Freitag		Beitzah 38	2 יום שישי
9 Schabbat		Beitzah 39 ⊟ NOACH	3 שבת
10 Sonntag		Beitzah 40	4 יום ראשון
11 Montag		Rosch Haschana 2	5 יום שני
12 Dienstag		Rosch Haschana 3	6 יום שלישי
13 Mittwoch	JOM HAALIJAH	Rosch Haschana 4	7 יום רביעי
14 Donnerstag		Rosch Haschana 5	8 יום חמישי
15 Freitag		Rosch Haschana 6	9 יום שישי
16 Schabbat		Rosch Haschana 7 ⊟ LECH–LECHA	10 שבת

17 Sonntag		Rosch Haschana 8	11 יום ראשון
18 Montag		Rosch Haschana 9	12 יום שני
19 Dienstag		Rosch Haschana 10	13 יום שלישי
20 Mittwoch		Rosch Haschana 11	14 יום רביעי
21 Donnerstag		Rosch Haschana 12	15 יום חמישי
22 Freitag		Rosch Haschana 13	16 יום שישי
כ אבות 23 Schabbat		Rosch Haschana 14 WAJERA	17 שבת
24 Sonntag		Rosch Haschana 15	18 יום ראשון
25 Montag		Rosch Haschana 16	19 יום שני
26 Dienstag	Jahrzeit Rabbi Lord Jonathan Sacks	Rosch Haschana 17	20 יום שלישי
27 Mittwoch		Rosch Haschana 18	21 יום רביעי
28 Donnerstag		Rosch Haschana 19	22 יום חמישי
29 Freitag		Rosch Haschana 20	23 יום שישי
כ אבות 30 Schabbat	SCHABBAT MEWARCHIM	Rosch Haschana 21 CHAJE SARA	24 שבת

NOVEMBER
2021

CHESCHWAN/KISLEW 5782

31 Sonntag	Rosch Haschana 22	25 יום ראשון
1 Montag	Rosch Haschana 23	26 יום שני
2 Dienstag	Rosch Haschana 24	27 יום שלישי
3 Mittwoch	Rosch Haschana 25	28 יום רביעי
4 Donnerstag	SIGD Rosch Haschana 26	29 יום חמישי
5 Freitag	◯KISLEW Rosch Molad: 0:55, 13 Chalakim Haschana 27	1 יום שישי
6 Schabbat	Rosch Haschana 28 ⛩ TOLDOT	2 שבת
7 Sonntag	Rosch Haschana 29	3 יום ראשון
8 Montag	Rosch Haschana 30	4 יום שני
9 Dienstag	Rosch Haschana 31	5 יום שלישי
10 Mittwoch	Rosch Haschana 32	6 יום רביעי
11 Donnerstag	Rosch Haschana 33	7 יום חמישי
12 Freitag	Rosch Haschana 34	8 יום שישי
13 Schabbat	Rosch Haschana 35 ⛩ WAJETZE	9 שבת

14 Sonntag	Taanit 2	10 יום ראשון
15 Montag	Taanit 3	11 יום שני
16 Dienstag	Taanit 4	12 יום שלישי
17 Mittwoch	Taanit 5	13 יום רביעי
18 Donnerstag	Taanit 6	14 יום חמישי
19 Freitag	Taanit 7	15 יום שישי
שבת 20 Schabbat	Taanit 8 WAJISCHLACH	16 שבת
21 Sonntag	Taanit 9	17 יום ראשון
22 Montag	Taanit 10	18 יום שני
23 Dienstag	Taanit 11	19 יום שלישי
24 Mittwoch	Taanit 12	20 יום רביעי
25 Donnerstag	Taanit 13	21 יום חמישי
26 Freitag	Taanit 14	22 יום שישי
שבת 27 Schabbat	SCHABBAT MEWARCHIM CHODESCH TEWET Taanit 15 WAJESCHEW	23 שבת

NOVEMBER/DEZEMEBER 2021   KISLEW/TEWET 5782

28 Sonntag	EREW CHANUKKAH: **i**	Taanit 16	24 יום ראשון
29 Montag	CHANUKAH: **ii**	Taanit 17	25 יום שני
30 Dienstag	CHANUKAH: **iii**	Taanit 18	26 יום שלישי
1 Mittwoch	CHANUKAH: **iiii**	Taanit 19	27 יום רביעי
2 Donnerstag	CHANUKAH: **iiiii**	Taanit 20	28 יום חמישי
3 Freitag	CHANUKAH: **iiiiii**	Taanit 21	29 יום שישי
4 Schabbat	CHANUKAH: **iiiiiii** ◗ TEWET	Taanit 22 MIKETZ Molad: 13:39, 14 Chalakim	30 שבת
5 Sonntag	CHANUKAH: **iiiiiiii** ◗ TEWET	Taanit 23	1 יום ראשון
6 Montag	CHANUKAH TAG 8	Taanit 24	2 יום שני
7 Dienstag		Taanit 25	3 יום שלישי
8 Mittwoch		Taanit 26	4 יום רביעי
9 Donnerstag		Taanit 27	5 יום חמישי
10 Freitag		Taanit 28	6 יום שישי
11 Schabbat		Taanit 29 WAJIGASCH	7 שבת

12 Sonntag	**Taanit 30**	8 יום ראשון
13 Montag	**Taanit 31**	9 יום שני
14 Dienstag **ASARA BETEWET**	**Megillah 2**	10 יום שלישי
15 Mittwoch	**Megillah 3**	11 יום רביעי
16 Donnerstag	**Megillah 4**	12 יום חמישי
17 Freitag	**Megillah 5**	13 יום שישי
18 Schabbat	**Megillah 6** **WAJECHI**	14 שבת
19 Sonntag	**Megillah 7**	15 יום ראשון
20 Montag	**Megillah 8**	16 יום שני
21 Dienstag	**Megillah 9**	17 יום שלישי
22 Mittwoch	**Megillah 10**	18 יום רביעי
23 Donnerstag	**Megillah 11**	19 יום חמישי
24 Freitag	**Megillah 12**	20 יום שישי
25 Schabbat	**Megillah 13** **SCHEMOT**	21 שבת

DEZEMBER 2021/
JANUAR 2022

TEWET/SCHEWAT 5782

26 Sonntag	**Megillah 14**	22 יום ראשון
27 Montag	**Megillah 15**	23 יום שני
28 Dienstag	**Megillah 16**	24 יום שלישי
29 Mittwoch	**Megillah 17**	25 יום רביעי
30 Donnerstag	**Megillah 18**	26 יום חמישי
31 Freitag	**Megillah 19**	27 יום שישי
1 Schabbat	**SCHABBAT** **MEWARCHIM** **CHODESCH SCHEWAT**	**Megillah 20** 🛏 **WAERA**	28 שבת
2 Sonntag	**Megillah 21**	29 יום ראשון
3 Montag	◯ **SCHEWAT**	**Megillah 22** Molad: 2:23, 15 Chalakim	1 יום שני
4 Dienstag	**Megillah 23**	2 יום שלישי
5 Mittwoch	**Megillah 24**	3 יום רביעי
6 Donnerstag	**Megillah 25**	4 יום חמישי
7 Freitag	**Megillah 26**	5 יום שישי
8 Schabbat	**Megillah 27** 🛏 **BO**	6 שבת

אדר

טבת

שבט

9 Sonntag	Megillah 28	7 יום ראשון
10 Montag	Megillah 29	8 יום שני
11 Dienstag	Megillah 30	9 יום שלישי
12 Mittwoch	Megillah 31	10 יום רביעי
13 Donnerstag	Megillah 32	11 יום חמישי
14 Freitag	Moed Katan 2	12 יום שישי
15 SCHABBAT SCHIRAH Schabbat	Moed Katan 3 BESCHALACH	13 שבת
16 Sonntag	Moed Katan 4	14 יום ראשון
17 TU BISCHWAT Montag	Moed Katan 5	15 יום שני
18 Dienstag	Moed Katan 6	16 יום שלישי
19 Mittwoch	Moed Katan 7	17 יום רביעי
20 Donnerstag	Moed Katan 8	18 יום חמישי
21 Freitag	Moed Katan 9	19 יום שישי
22 Schabbat	Moed Katan 10 JITRO	20 שבת

JANUAR/
FEBRUAR 2022

SCHEWAT/ADAR I 5782

23 Sonntag		Moed Katan 11	21 יום ראשון
24 Montag		Moed Katan 12	22 יום שני
25 Dienstag		Moed Katan 13	23 יום שלישי
26 Mittwoch		Moed Katan 14	24 יום רביעי
27 Donnerstag		Moed Katan 15	25 יום חמישי
28 Freitag		Moed Katan 16	26 יום שישי
29 Schabbat	SCHABBAT MEWARCHIM CHODESCH ADAR I	Moed Katan 🕎 MISCHPATIM 17	27 שבת
30 Sonntag		Moed Katan 18	28 יום ראשון
31 Montag		Moed Katan 19	29 יום שני
1 Dienstag	☽ ADAR I	Moed Katan Molad: 15:07, 16 Chalakim 20	30 יום שלישי
2 Mittwoch	☽ ADAR I	Moed Katan 21	1 יום רביעי
3 Donnerstag		Moed Katan 22	2 יום חמישי
4 Freitag		Moed Katan 23	3 יום שישי
5 Schabbat		Moed Katan 🕎 TERUMAH 24	4 שבת

6 Sonntag		Moed Katan 25	5 יום ראשון
7 Montag		Moed Katan 26	6 יום שני
8 Dienstag	Geburts- und Sterbetag von Mosche	Moed Katan 27	7 יום שלישי
9 Mittwoch		Moed Katan 28	8 יום רביעי
10 Donnerstag		Moed Katan 29	9 יום חמישי
11 Freitag		Chagigah 2	10 יום שישי
12 Schabbat		Chagigah 3 🕎 **TETZAWEH**	11 שבת
13 Sonntag		Chagigah 4	12 יום ראשון
14 Montag		Chagigah 5	13 יום שני
15 Dienstag	**PURIM KATAN**	Chagigah 6	14 יום שלישי
16 Mittwoch		Chagigah 7	15 יום רביעי
17 Donnerstag		Chagigah 8	16 יום חמישי
18 Freitag		Chagigah 9	17 יום שישי
19 Schabbat		Chagigah 10 🕎 **KI TISA**	18 שבת

20 Sonntag		Chagigah 11	19 יום ראשון
21 Montag		Chagigah 12	20 יום שני
22 Dienstag		Chagigah 13	21 יום שלישי
23 Mittwoch		Chagigah 14	22 יום רביעי
24 Donnerstag		Chagigah 15	23 יום חמישי
25 Freitag		Chagigah 16	24 יום שישי
26 Schabbat	SCHABBAT SCHEKALIM	Chagigah 17 WAJAKHEL	25 שבת
27 Sonntag		Chagigah 18	26 יום ראשון
28 Montag		Chagigah 19	27 יום שני
1 Dienstag		Chagigah 20	28 יום שלישי
2 Mittwoch		Chagigah 21	29 יום רביעי
3 Donnerstag	◯ ADAR II	Chagigah 22 Molad: 3:51, 17 Chalakim	30 יום חמישי
4 Freitag	◯ ADAR II	Chagigah 23	1 יום שישי
5 Schabbat		Chagigah 24 PEKUDEJ	2 שבת

6 Sonntag	Chagigah 25	**3** יום ראשון
7 Montag	Chagigah 26	**4** יום שני
8 Dienstag	Chagigah 27	**5** יום שלישי
9 Mittwoch	Jewamot 2	**6** יום רביעי
10 Donnerstag	Jewamot 3	**7** יום חמישי
11 Freitag	Jewamot 4	**8** יום שישי
פרשת **12** Schabbat	SCHABBAT ZACHOR Jewamot 5 WAJIKRA	**9** שבת
13 Sonntag	Jewamot 6	**10** יום ראשון
14 Montag	Jewamot 7	**11** יום שני
15 Dienstag	Jewamot 8	**12** יום שלישי
16 Mittwoch	**TA'ANIT ESTHER** Jewamot 9	**13** יום רביעי
17 Donnerstag	**PURIM** Jewamot 10	**14** יום חמישי
18 Freitag	**SCHUSCHAN PURIM** Jewamot 11	**15** יום שישי
פרשת **19** Schabbat	Jewamot 12 TZAW	**16** שבת

MÄRZ/ APRIL 2022

ADAR II / NISSAN 5782

20 Sonntag		Jewamot 13	17 יום ראשון
21 Montag		Jewamot 14	18 יום שני
22 Dienstag		Jewamot 15	19 יום שלישי
23 Mittwoch		Jewamot 16	20 יום רביעי
24 Donnerstag		Jewamot 17	21 יום חמישי
25 Freitag		Jewamot 18	22 יום שישי
26 Schabbat	SCHABBAT PARAH	Jewamot 19 SCHEMINI	23 שבת
27 Sonntag		Jewamot 20	24 יום ראשון
28 Montag		Jewamot 21	25 יום שני
29 Dienstag		Jewamot 22	26 יום שלישי
30 Mittwoch		Jewamot 23	27 יום רביעי
31 Donnerstag		Jewamot 24	28 יום חמישי
1 Freitag		Jewamot 25 Molad: 16:36, 0 Chalakim	29 יום שישי
2 Schabbat	◯ NISSAN SCHABBAT HACHODESCH	Jewamot 26 TAZRIA	1 שבת

3 Sonntag		Jewamot 27	2 יום ראשון
4 Montag		Jewamot 28	3 יום שני
5 Dienstag		Jewamot 29	4 יום שלישי
6 Mittwoch		Jewamot 30	5 יום רביעי
7 Donnerstag		Jewamot 31	6 יום חמישי
8 Freitag		Jewamot 32	7 יום שישי
9 Schabbat	**SCHABBAT HAGADOL**	Jewamot 33 **METZORA**	8 שבת
10 Sonntag		Jewamot 34	9 יום ראשון
11 Montag		Jewamot 35	10 יום שני
12 Dienstag		Jewamot 36	11 יום שלישי
13 Mittwoch		Jewamot 37	12 יום רביעי
14 Donnerstag		Jewamot 38	13 יום חמישי
15 Freitag	**TA'ANIT BECHOROT**	Jewamot 39	14 יום שישי
16 Schabbat	**PESACH I**	Jewamot 40 **PESSACH TAG 1**	15 שבת

				OMERZEIT	

17 Sonntag	**PESACH II**	Jewamot 41	1. TAG OMER	16 יום ראשון
18 Montag	**PESACH III (CHOL HAMOED)**	Jewamot 42		17 יום שני
19 Dienstag	**PESACH IV (CHOL HAMOED)**	Jewamot 43		18 יום שלישי
20 Mittwoch	**PESACH V (CHOL HAMOED)**	Jewamot 44		19 יום רביעי
21 Donnerstag	**PESACH VI (CHOL HAMOED)**	Jewamot 45		20 יום חמישי
22 Freitag	**PESACH VII**	Jewamot 46		21 יום שישי
23 Schabbat	**PESACH VIII**	Jewamot 47		22 שבת
24 Sonntag		Jewamot 48		23 יום ראשון
25 Montag		Jewamot 49		24 יום שני
26 Dienstag		Jewamot 50		25 יום שלישי
27 Mittwoch		Jewamot 51		26 יום רביעי
28 Donnerstag	**JOM HASCHOAH**	Jewamot 52		27 יום חמישי
29 Freitag		Jewamot 53		28 יום שישי
30 Schabbat	**SCHABBAT MEWARCHIM CHODESCH IJJAR**	Jewamot 54 **ACHREI MOT**		29 שבת

Details zur Omerzählung, siehe Seite Seite 73

1 Sonntag	◯ IJJAR	**Jewamot 55** Molad: 5:20, 1 Chelek		30 יום ראשון
2 Montag	◯ IJJAR	**Jewamot 56**		1 יום שני
3 Dienstag		**Jewamot 57**		2 יום שלישי
4 Mittwoch	**JOM HAZIKARON**	**Jewamot 58**		3 יום רביעי
5 Donnerstag	**JOM HAATZMA'UT**	**Jewamot 59**		4 יום חמישי
6 Freitag		**Jewamot 60**		5 יום שישי
7 Schabbat		**Jewamot 61** 🏠 **KEDOSCHIM**	OMERZEIT	6 שבת
8 Sonntag		**Jewamot 62**		7 יום ראשון
9 Montag		**Jewamot 63**		8 יום שני
10 Dienstag		**Jewamot 64**		9 יום שלישי
11 Mittwoch		**Jewamot 65**		10 יום רביעי
12 Donnerstag		**Jewamot 66**		11 יום חמישי
13 Freitag		**Jewamot 67**		12 יום שישי
14 Schabbat		**Jewamot 68** 🏠 **EMOR**		13 שבת

Details zur Omerzählung, siehe Seite Seite 73

Gregorian	Ereignis	Jewamot		Hebräisch
15 Sonntag	PESACH SCHENI	Jewamot 69		14 יום ראשון
16 Montag		Jewamot 70		15 יום שני
17 Dienstag		Jewamot 71		16 יום שלישי
18 Mittwoch		Jewamot 72		17 יום רביעי
19 Donnerstag	LAG BAOMER	Jewamot 73		18 יום חמישי
20 Freitag		Jewamot 74		19 יום שישי
21 Schabbat		Jewamot 75 BEHAR	OMERZEIT	20 שבת
22 Sonntag		Jewamot 76		21 יום ראשון
23 Montag		Jewamot 77		22 יום שני
24 Dienstag		Jewamot 78		23 יום שלישי
25 Mittwoch		Jewamot 79		24 יום רביעי
26 Donnerstag		Jewamot 80		25 יום חמישי
27 Freitag		Jewamot 81		26 יום שישי
28 Schabbat	SCHABBAT MEWARCHIM CHODESCH SIWAN	Jewamot 82 BECHUKOTAI		27 שבת

Details zur Omerzählung, siehe Seite Seite 73

MAI/ JUNI 2022 — IJJAR/SIWAN 5782

29 Sonntag	JOM JERUSCHALAJIM	Jewamot 83	28 יום ראשון
30 Montag		Jewamot 84 Molad: 18:04, 2 Chalakim	29 יום שני
31 Dienstag	◯ SIWAN	Jewamot 85	1 יום שלישי
1 Mittwoch		Jewamot 86	2 יום רביעי
2 Donnerstag		Jewamot 87	3 יום חמישי
3 Freitag		Jewamot 88	4 יום שישי
4 Schabbat	EREW SCHAWUOT	Jewamot 89 🕮 BAMIDBAR	5 שבת
5 Sonntag	SCHAWUOT I	Jewamot 90	6 יום ראשון
6 Montag	SCHAWUOT II	Jewamot 91	7 יום שני
7 Dienstag		Jewamot 92	8 יום שלישי
8 Mittwoch		Jewamot 93	9 יום רביעי
9 Donnerstag		Jewamot 94	10 יום חמישי
10 Freitag		Jewamot 95	11 יום שישי
11 Schabbat		Jewamot 96 🕮 NASSO	12 שבת

OMERZEIT

Details zur Omerzählung, siehe Seite Seite 73

JUNI 2022   # SIWAN 5782

12 Sonntag	**Jewamot 97**	13 יום ראשון
13 Montag	**Jewamot 98**	14 יום שני
14 Dienstag	**Jewamot 99**	15 יום שלישי
15 Mittwoch	**Jewamot 100**	16 יום רביעי
16 Donnerstag	**Jewamot 101**	17 יום חמישי
17 Freitag	**Jewamot 102**	18 יום שישי
18 Schabbat	**Jewamot 103** **BEHA'ALOTCHA**	19 שבת
19 Sonntag	**Jewamot 104**	20 יום ראשון
20 Montag	**Jewamot 105**	21 יום שני
21 Dienstag	**Jewamot 106**	22 יום שלישי
22 Mittwoch	**Jewamot 107**	23 יום רביעי
23 Donnerstag	**Jewamot 108**	24 יום חמישי
24 Freitag	**Jewamot 109**	25 יום שישי
25 Schabbat	**SCHABBAT** **MEWARCHIM** **CHODESCH TAMMUS**	**Jewamot 110** **SCH'LACH**	26 שבת

26 Sonntag	Jewamot 111	27 יום ראשון
27 Montag	Jewamot 112	28 יום שני
28 Dienstag	Jewamot 113	29 יום שלישי
29 Mittwoch ◯ **TAMMUS**	Jewamot 114 Molad: 6:48, 3 Chalakim	30 יום רביעי
30 Donnerstag ◯ **TAMMUS**	Jewamot 115	1 יום חמישי
1 Freitag	Jewamot 116	2 יום שישי
2 Schabbat	Jewamot 117 **KORACH**	3 שבת
3 Sonntag	Jewamot 118	4 יום ראשון
4 Montag	Jewamot 119	5 יום שני
5 Dienstag	Jewamot 120	6 יום שלישי
6 Mittwoch	Jewamot 121	7 יום רביעי
7 Donnerstag	Jewamot 122	8 יום חמישי
8 Freitag	Ketubot 2	9 יום שישי
9 Schabbat	Ketubot 3 **CHUKAT**	10 שבת

TAMMUS 5782

10 Sonntag		Ketubot 4	11 יום ראשון
11 Montag		Ketubot 5	12 יום שני
12 Dienstag		Ketubot 6	13 יום שלישי
13 Mittwoch		Ketubot 7	14 יום רביעי
14 Donnerstag		Ketubot 8	15 יום חמישי
15 Freitag		Ketubot 9	16 יום שישי
16 Schabbat		Ketubot 10 BALAK	17 שבת
17 Sonntag	TZOM TAMMUS	Ketubot 11	18 יום ראשון
18 Montag		Ketubot 12	19 יום שני
19 Dienstag		Ketubot 13	20 יום שלישי
20 Mittwoch		Ketubot 14	21 יום רביעי
21 Donnerstag		Ketubot 15	22 יום חמישי
22 Freitag		Ketubot 16	23 יום שישי
23 Schabbat	SCHABBAT MEWARCHIM CHODESCH AW	Ketubot 17 PINCHAS	24 שבת

24 Sonntag	Ketubot 18	25 יום ראשון
25 Montag	Ketubot 19	26 יום שני
26 Dienstag	Ketubot 20	27 יום שלישי
27 Mittwoch	Ketubot 21	28 יום רביעי
28 Donnerstag	Ketubot 22 Molad: 19:32, 4 Chalakim	29 יום חמישי
29 Freitag ◯ AW	Ketubot 23	1 יום שישי
30 Schabbat	Ketubot 24 ⛺ MATOT-MASEI	2 שבת
31 Sonntag	Ketubot 25	3 יום ראשון
1 Montag	Ketubot 26	4 יום שני
2 Dienstag	Ketubot 27	5 יום שלישי
3 Mittwoch	Ketubot 28	6 יום רביעי
4 Donnerstag	Ketubot 29	7 יום חמישי
5 Freitag	Ketubot 30	8 יום שישי
6 Schabbat	SCHABBAT CHAZON Ketubot 31 ⛺ DEWARIM	9 שבת

תמוז

אב

7 Sonntag	**TISCH'A BE'AW** [am eigentlichen Datum war Schabbat]	Ketubot 32	10 יום ראשון
8 Montag		Ketubot 33	11 יום שני
9 Dienstag		Ketubot 34	12 יום שלישי
10 Mittwoch		Ketubot 35	13 יום רביעי
11 Donnerstag		Ketubot 36	14 יום חמישי
12 Freitag	**TU BE'AW**	Ketubot 37	15 יום שישי
13 Schabbat	**SCHABBAT NACHAMU**	Ketubot 38 **WAETCHANAN**	16 שבת
14 Sonntag	Jahrzeit Rabbiner Adin Even-Israel Steinsaltz	Ketubot 39	17 יום ראשון
15 Montag		Ketubot 40	18 יום שני
16 Dienstag		Ketubot 41	19 יום שלישי
17 Mittwoch		Ketubot 42	20 יום רביעי
18 Donnerstag		Ketubot 43	21 יום חמישי
19 Freitag		Ketubot 44	22 יום שישי
20 Schabbat	**SCHABBAT MEWARCHIM CHODESCH ELUL**	Ketubot 45 **EKEW**	23 שבת

| 21 Sonntag | | Ketubot 46 | | 24 יום ראשון |

| 22 Montag | | Ketubot 47 | | 25 יום שני |

| 23 Dienstag | | Ketubot 48 | | 26 יום שלישי |

| 24 Mittwoch | | Ketubot 49 | | 27 יום רביעי |

| 25 Donnerstag | | Ketubot 50 | | 28 יום חמישי |

| 26 Freitag | | Ketubot 51 | | 29 יום שישי |

אלול

| 27 Schabbat | ◯ ELUL | Ketubot 52 ⛩ RE'EH | Molad: 8:16, 5 Chalakim | 30 שבת |

| 28 Sonntag | ◯ ELUL | Ketubot 53 | | 1 יום ראשון |

| 29 Montag | | Ketubot 54 | | 2 יום שני |

| 30 Dienstag | | Ketubot 55 | | 3 יום שלישי |

| 31 Mittwoch | | Ketubot 56 | | 4 יום רביעי |

| 1 Donnerstag | | Ketubot 57 | | 5 יום חמישי |

| 2 Freitag | | Ketubot 58 | | 6 יום שישי |

אלול

| 3 Schabbat | | Ketubot 59 ⛩ SCHOFTIM | | 7 שבת |

4 Sonntag	Ketubot 60	**8** יום ראשון
5 Montag	Ketubot 61	**9** יום שני
6 Dienstag	Ketubot 62	**10** יום שלישי
7 Mittwoch	Ketubot 63	**11** יום רביעי
8 Donnerstag	Ketubot 64	**12** יום חמישי
9 Freitag	Ketubot 65	**13** יום שישי
10 Schabbat	Ketubot 66 KI TETZE	**14** שבת
11 Sonntag	Ketubot 67	**15** יום ראשון
12 Montag	Ketubot 68	**16** יום שני
13 Dienstag	Ketubot 69	**17** יום שלישי
14 Mittwoch	Ketubot 70	**18** יום רביעי
15 Donnerstag	Ketubot 71	**19** יום חמישי
16 Freitag	Ketubot 72	**20** יום שישי
17 Schabbat LEIL SELICHOT	Ketubot 73 KI TAWO	**21** שבת

18 Sonntag		Ketubot 74		22 יום ראשון
19 Montag		Ketubot 75		23 יום שני
20 Dienstag		Ketubot 76		24 יום שלישי
21 Mittwoch		Ketubot 77		25 יום רביעי
22 Donnerstag		Ketubot 78		26 יום חמישי
23 Freitag		Ketubot 79		27 יום שישי
24 Schabbat		Ketubot 80	NITZAWIM	28 שבת
25 Sonntag	EREW ROSCH HASCHANA	Ketubot 81	Molad: 21:00, 6 Chalakim	29 יום ראשון
26 Montag	ROSCH HASCHANA 5783	Ketubot 82		1 יום שני
27 Dienstag	ROSCH HASCHANA II	Ketubot 83		2 יום שלישי
28 Mittwoch	TZOM GEDALJAH	Ketubot 84		3 יום רביעי
29 Donnerstag		Ketubot 85		4 יום חמישי
30 Freitag		Ketubot 86		5 יום שישי
1 Schabbat	SCHABBAT SCHUWA	Ketubot 87	WAJELECH	6 שבת

אלול

אלול

2 Sonntag		Ketubot 88	7 יום ראשון
3 Montag		Ketubot 89	8 יום שני
4 Dienstag	EREW JOM KIPPUR	Ketubot 90	9 יום שלישי
5 Mittwoch	JOM KIPPUR	Ketubot 91	10 יום רביעי
6 Donnerstag		Ketubot 92	11 יום חמישי
7 Freitag		Ketubot 93	12 יום שישי
8 Schabbat		Ketubot 94 HA'AZINU	13 שבת
9 Sonntag	EREW SUKKOT	Ketubot 95	14 יום ראשון
10 Montag	SUKKOT I	Ketubot 96	15 יום שני
11 Dienstag	SUKKOT II	Ketubot 97	16 יום שלישי
12 Mittwoch	SUKKOT III (CHOL HAMOED)	Ketubot 98	17 יום רביעי
13 Donnerstag	SUKKOT IV (CHOL HAMOED)	Ketubot 99	18 יום חמישי
14 Freitag	SUKKOT V (CHOL HAMOED)	Ketubot 100	19 יום שישי
15 Schabbat	SUKKOT VI (CHOL HAMOED)	Ketubot 101 CHOL HAMOED SUKKOT	20 שבת

16 Sonntag	**SUKKOT VII (HOSCHANA RABA)**	Ketubot 102	21 יום ראשון
17 Montag	**SCHEMINI ATZERET**	Ketubot 103	22 יום שני
18 Dienstag	**SIMCHAT TORAH**	Ketubot 104	23 יום שלישי
19 Mittwoch		Ketubot 105	24 יום רביעי
20 Donnerstag		Ketubot 106	25 יום חמישי
21 Freitag		Ketubot 107	26 יום שישי
22 Schabbat	**SCHABBAT MEWARCHIM CHODESCH CHESCHWAN**	Ketubot 108 **BERESCHIT**	27 שבת
23 Sonntag		Ketubot 109	28 יום ראשון
24 Montag		Ketubot 110	29 יום שני
25 Dienstag	○ **CHESCHWAN**	Ketubot 111 Molad: 9:44, 7 Chalakim	30 יום שלישי
26 Mittwoch	○ **CHESCHWAN**	Ketubot 112	1 יום רביעי
27 Donnerstag		Nedarim 2	2 יום חמישי
28 Freitag		Nedarim 3	3 יום שישי
29 Schabbat		Nedarim 4 **NOACH**	4 שבת

OKTOBER/
NOVEMBER 2022

CHESCHWAN 5783

30 Sonntag	Nedarim 5	5 יום ראשון
31 Montag	Nedarim 6	6 יום שני
1 Dienstag	**JOM HAALIJAH** Nedarim 7	7 יום שלישי
2 Mittwoch	Nedarim 8	8 יום רביעי
3 Donnerstag	Nedarim 9	9 יום חמישי
4 Freitag	Nedarim 10	10 יום שישי
5 Schabbat	Nedarim 11 LECH–LECHA	11 שבת
6 Sonntag	Nedarim 12	12 יום ראשון
7 Montag	Nedarim 13	13 יום שני
8 Dienstag	Nedarim 14	14 יום שלישי
9 Mittwoch	Nedarim 15	15 יום רביעי
10 Donnerstag	Nedarim 16	16 יום חמישי
11 Freitag	Nedarim 17	17 יום שישי
12 Schabbat	Nedarim 18 WAJERA	18 שבת

13 Sonntag		Nedarim 19	19 יום ראשון
14 Montag	Jahrzeit Rabbi Lord Jonathan Sacks	Nedarim 20	20 יום שני
15 Dienstag		Nedarim 21	21 יום שלישי
16 Mittwoch		Nedarim 22	22 יום רביעי
17 Donnerstag		Nedarim 23	23 יום חמישי
18 Freitag		Nedarim 24	24 יום שישי
19 Schabbat	SCHABBAT MEWARCHIM CHODESCH KISLEW	Nedarim 25 CHAJE SARA	25 שבת
20 Sonntag		Nedarim 26	26 יום ראשון
21 Montag		Nedarim 27	27 יום שני
22 Dienstag		Nedarim 28	28 יום שלישי
23 Mittwoch	SIGD	Nedarim 29 Molad: 22:28, 8 Chalakim	29 יום רביעי
24 Donnerstag	◯ KISLEW	Nedarim 30	30 יום חמישי
25 Freitag	◯ KISLEW	Nedarim 31	1 יום שישי
26 Schabbat		Nedarim 32 TOLDOT	2 שבת

27 Sonntag	**Nedarim 33**	3 יום ראשון
28 Montag	**Nedarim 34**	4 יום שני
29 Dienstag	**Nedarim 35**	5 יום שלישי
30 Mittwoch	**Nedarim 36**	6 יום רביעי
1 Donnerstag	**Nedarim 37**	7 יום חמישי
2 Freitag	**Nedarim 38**	8 יום שישי
3 Schabbat	**Nedarim 39** **WAJETZE**	9 שבת
4 Sonntag	**Nedarim 40**	10 יום ראשון
5 Montag	**Nedarim 41**	11 יום שני
6 Dienstag	**Nedarim 42**	12 יום שלישי
7 Mittwoch	**Nedarim 43**	13 יום רביעי
8 Donnerstag	**Nedarim 44**	14 יום חמישי
9 Freitag	**Nedarim 45**	15 יום שישי
10 Schabbat	**Nedarim 46** **WAJISCHLACH**	16 שבת

11 Sonntag		Nedarim 47	17 יום ראשון
12 Montag		Nedarim 48	18 יום שני
13 Dienstag		Nedarim 49	19 יום שלישי
14 Mittwoch		Nedarim 50	20 יום רביעי
15 Donnerstag		Nedarim 51	21 יום חמישי
16 Freitag		Nedarim 52	22 יום שישי
כסלו **17** Schabbat	**SCHABBAT MEWARCHIM CHODESCH TEWET**	Nedarim 53 🕎 **WAJESCHEW**	23 שבת
18 Sonntag	CHANUKAH: ❙	Nedarim 54	24 יום ראשון
19 Montag	CHANUKAH: ❙❙	Nedarim 55	25 יום שני
20 Dienstag	CHANUKAH: ❙❙❙	Nedarim 56	26 יום שלישי
21 Mittwoch	CHANUKAH: ❙❙❙❙	Nedarim 57	27 יום רביעי
22 Donnerstag	CHANUKAH: ❙❙❙❙❙	Nedarim 58	28 יום חמישי
23 Freitag	CHANUKAH: ❙❙❙❙❙❙	Nedarim 59 Molad: 11:12, 9 Chalakim	29 יום שישי
טבת **24** Schabbat	CHANUKAH: ❙❙❙❙❙❙❙ ○ **TEWET**	Nedarim 60 🕎 **MIKETZ**	30 שבת

DEZEMBER 2022/
JANUAR 2023

TEWET 5783

25 Sonntag	**CHANUKAH:** |||||||	Nedarim 61	1 יום ראשון
	◯ **TEWET**		
26 Montag	**CHANUKAH** **ACHTER TAG**	Nedarim 62	2 יום שני
27 Dienstag		Nedarim 63	3 יום שלישי
28 Mittwoch		Nedarim 64	4 יום רביעי
29 Donnerstag		Nedarim 65	5 יום חמישי
30 Freitag		Nedarim 66	6 יום שישי
31 Schabbat		Nedarim 67 🕎 **WAJIGASCH**	7 שבת
1 Sonntag		Nedarim 68	8 יום ראשון
2 Montag		Nedarim 69	9 יום שני
3 Dienstag	**ASARA BETEWET**	Nedarim 70	10 יום שלישי
4 Mittwoch		Nedarim 71	11 יום רביעי
5 Donnerstag		Nedarim 72	12 יום חמישי
6 Freitag		Nedarim 73	13 יום שישי
7 Schabbat		Nedarim 74 🕎 **WAJECHI**	14 שבת

TEWET 5783

8 Sonntag		Nedarim 75		15	יום ראשון
9 Montag		Nedarim 76		16	יום שני
10 Dienstag		Nedarim 77		17	יום שלישי
11 Mittwoch		Nedarim 78		18	יום רביעי
12 Donnerstag		Nedarim 79		19	יום חמישי
13 Freitag		Nedarim 80		20	יום שישי
14 Schabbat		Nedarim 81	SCHEMOT	21	שבת
15 Sonntag		Nedarim 82		22	יום ראשון
16 Montag		Nedarim 83		23	יום שני
17 Dienstag		Nedarim 84		24	יום שלישי
18 Mittwoch		Nedarim 85		25	יום רביעי
19 Donnerstag		Nedarim 86		26	יום חמישי
20 Freitag		Nedarim 87		27	יום שישי
21 Schabbat	SCHABBAT MEWARCHIM CHODESCH SCHEWAT	Nedarim 88	WAERA Molad: 23:56, 10 Chalakim	28	שבת

| 22 | | Nedarim 89 | | 29 |
| Sonntag | | | | יום ראשון |

| 23 | ◯ **SCHEWAT** | Nedarim 90 | | 1 |
| Montag | | | | יום שני |

| 24 | | Nedarim 91 | | 2 |
| Dienstag | | | | יום שלישי |

| 25 | | Nasir 2 | | 3 |
| Mittwoch | | | | יום רביעי |

| 26 | | Nasir 3 | | 4 |
| Donnerstag | | | | יום חמישי |

| 27 | | Nasir 4 | | 5 |
| Freitag | | | | יום שישי |

| 28 | | Nasir 5 | ⊞ BO | 6 |
| Schabbat | | | | שבת |

ויקרא

| 29 | | Nasir 6 | | 7 |
| Sonntag | | | | יום ראשון |

| 30 | | Nasir 7 | | 8 |
| Montag | | | | יום שני |

| 31 | | Nasir 8 | | 9 |
| Dienstag | | | | יום שלישי |

| 1 | | Nasir 9 | | 10 |
| Mittwoch | | | | יום רביעי |

| 2 | | Nasir 10 | | 11 |
| Donnerstag | | | | יום חמישי |

| 3 | | Nasir 11 | | 12 |
| Freitag | | | | יום שישי |

| 4 | **SCHABBAT SCHIRAH** | Nasir 12 | ⊞ **BESCHALACH** | 13 |
| Schabbat | | | | שבת |

ויקרא

5 Sonntag		Nasir 13		14 יום ראשון
6 Montag	**TU BISCHEWAT**	Nasir 14		15 יום שני
7 Dienstag		Nasir 15		16 יום שלישי
8 Mittwoch		Nasir 16		17 יום רביעי
9 Donnerstag		Nasir 17		18 יום חמישי
10 Freitag		Nasir 18		19 יום שישי
11 Schabbat		Nasir 19	JITRO	20 שבת
12 Sonntag		Nasir 20		21 יום ראשון
13 Montag		Nasir 21		22 יום שני
14 Dienstag		Nasir 22		23 יום שלישי
15 Mittwoch		Nasir 23		24 יום רביעי
16 Donnerstag		Nasir 24		25 יום חמישי
17 Freitag		Nasir 25		26 יום שישי
18 Schabbat	**SCHABBAT SCHEKALIM**	Nasir 26	MISCHPATIM	27 שבת

Datum		Nasir		Hebr.

19 Sonntag — Nasir 27 — 28 יום ראשון

20 Montag — Nasir 28 — Molad: 12:40, 11 Chalakim — 29 יום שני

21 Dienstag — ◯ ADAR — Nasir 29 — 30 יום שלישי

22 Mittwoch — ◯ ADAR — Nasir 30 — 1 יום רביעי

23 Donnerstag — Nasir 31 — 2 יום חמישי

24 Freitag — Nasir 32 — 3 יום שישי

25 Schabbat — Nasir 33 — ⛺ TERUMAH — 4 שבת

26 Sonntag — Nasir 34 — 5 יום ראשון

27 Montag — Nasir 35 — 6 יום שני

28 Dienstag — Geburts- und Sterbetag von Mosche — Nasir 36 — 7 יום שלישי

1 Mittwoch — Nasir 37 — 8 יום רביעי

2 Donnerstag — Nasir 38 — 9 יום חמישי

3 Freitag — Nasir 39 — 10 יום שישי

4 Schabbat — SCHABBAT ZACHOR — Nasir 40 — ⛺ TETZAWEH — 11 שבת

5 Sonntag		Nasir 41		12 יום ראשון
6 Montag	TA'ANIT ESTHER	Nasir 42		13 יום שני
7 Dienstag	PURIM	Nasir 43		14 יום שלישי
8 Mittwoch	SCHUSCHAN PURIM	Nasir 44		15 יום רביעי
9 Donnerstag		Nasir 45		16 יום חמישי
10 Freitag		Nasir 46		17 יום שישי
11 Schabbat	SCHABBAT PARAH	Nasir 47	KI TISA	18 שבת
12 Sonntag		Nasir 48		19 יום ראשון
13 Montag		Nasir 49		20 יום שני
14 Dienstag		Nasir 50		21 יום שלישי
15 Mittwoch		Nasir 51		22 יום רביעי
16 Donnerstag		Nasir 52		23 יום חמישי
17 Freitag		Nasir 53		24 יום שישי
18 Schabbat	SCHABBAT HACHODESCH	Nasir 54	WAJAKHEL-PEKUDEJ	25 שבת

ADAR/NISSAN 5783

19 Sonntag		Nasir 55	26 יום ראשון
20 Montag		Nasir 56	27 יום שני
21 Dienstag		Nasir 57	28 יום שלישי
22 Mittwoch		Nasir 58 Molad: 1:24, 12 Chalakim	29 יום רביעי
23 Donnerstag	◐ NISSAN	Nasir 59	1 יום חמישי
24 Freitag		Nasir 60	2 יום שישי
25 Schabbat		Nasir 61 🕎 WAJIKRA	3 שבת
26 Sonntag		Nasir 62	4 יום ראשון
27 Montag		Nasir 63	5 יום שני
28 Dienstag		Nasir 64	6 יום שלישי
29 Mittwoch		Nasir 65	7 יום רביעי
30 Donnerstag		Nasir 66	8 יום חמישי
31 Freitag		Sotah 2	9 יום שישי
1 Schabbat	**SCHABBAT HAGADOL**	Sotah 3 🕎 TZAW	10 שבת

2 Sonntag		Sotah 4		11 יום ראשון
3 Montag		Sotah 5		12 יום שני
4 Dienstag		Sotah 6		13 יום שלישי
5 Mittwoch	TA'ANIT BECHOROT	Sotah 7		14 יום רביעי
6 Donnerstag	PESACH I	Sotah 8		15 יום חמישי
7 Freitag	PESACH II	Sotah 9	1. TAG OMER	16 יום שישי
8 Schabbat	PESACH III (CHOL HAMOED)	Sotah 10		17 שבת
9 Sonntag	PESACH IV (CHOL HAMOED)	Sotah 11		18 יום ראשון
10 Montag	PESACH V (CHOL HAMOED)	Sotah 12		19 יום שני
11 Dienstag	PESACH VI (CHOL HAMOED)	Sotah 13	OMERZEIT	20 יום שלישי
12 Mittwoch	PESACH VII	Sotah 14		21 יום רביעי
13 Donnerstag	PESACH VIII	Sotah 15		22 יום חמישי
14 Freitag		Sotah 16		23 יום שישי
15 Schabbat	SCHABBAT MEWARCHIM CHODESCH IJJAR	Sotah 17	SCHEMINI	24 שבת

Details zur Omerzählung, siehe Seite Seite 73

16 Sonntag		Sotah 18			25 יום ראשון
17 Montag		Sotah 19			26 יום שני
18 Dienstag	JOM HASCHOAH	Sotah 20			27 יום שלישי
19 Mittwoch		Sotah 21			28 יום רביעי
20 Donnerstag		Sotah 22	Molad: 14:08, 13 Chalakim		29 יום חמישי
21 Freitag	◯ I_JAR	Sotah 23			30 יום שישי
22 Schabbat	◯ IJJAR	Sotah 24	TAZRIA-METZORA		1 שבת
23 Sonntag		Sotah 25			2 יום ראשון
24 Montag		Sotah 26			3 יום שני
25 Dienstag	JOM HAZIKARON	Sotah 27			4 יום שלישי
26 Mittwoch	JOM HAATZMA'UT	Sotah 28			5 יום רביעי
27 Donnerstag		Sotah 29			6 יום חמישי
28 Freitag		Sotah 30			7 יום שישי
29 Schabbat		Sotah 31	ACHREI MOT-KEDOSCHIM		8 שבת

OMERZEIT

Details zur Omerzählung, siehe Seite Seite 73

APRIL/ MAI 2023 — IJJAR 5783

30	Sonntag		Sotah 32		9	יום ראשון
1	Montag		Sotah 33		10	יום שני
2	Dienstag		Sotah 34		11	יום שלישי
3	Mittwoch		Sotah 35		12	יום רביעי
4	Donnerstag		Sotah 36		13	יום חמישי
5	Freitag	PESACH SCHENI	Sotah 37		14	יום שישי
6	Schabbat		Sotah 38	EMOR	15	שבת
7	Sonntag		Sotah 39		16	יום ראשון
8	Montag		Sotah 40		17	יום שני
9	Dienstag	LAG BAOMER	Sotah 41		18	יום שלישי
10	Mittwoch		Sotah 42		19	יום רביעי
11	Donnerstag		Sotah 43		20	יום חמישי
12	Freitag		Sotah 44		21	יום שישי
13	Schabbat		Sotah 45	BEHAR-BECHUKOTAI	22	שבת

OMERZEIT

Details zur Omerzählung, siehe Seite Seite 73

14 Sonntag		Sotah 46		23 יום ראשון
15 Montag		Sotah 47		24 יום שני
16 Dienstag		Sotah 48		25 יום שלישי
17 Mittwoch		Sotah 49		26 יום רביעי
18 Donnerstag		Gitin 2		27 יום חמישי
19 Freitag	JOM JERUSCHALAJIM	Gitin 3		28 יום שישי
20 Schabbat	SCHABBAT MEWARCHIM CHODESCH SIWAN	Gitin 4	⛩ BAMIDBAR Molad: 2:52, 14 Chalakim	29 שבת
21 Sonntag	◯ SIWAN	Gitin 5		1 יום ראשון
22 Montag		Gitin 6		2 יום שני
23 Dienstag		Gitin 7		3 יום שלישי
24 Mittwoch		Gitin 8		4 יום רביעי
25 Donnerstag	EREW SCHAWUOT	Gitin 9		5 יום חמישי
26 Freitag	SCHAWUOT I	Gitin 10		6 יום שישי
27 Schabbat	SCHAWUOT II	Gitin 11	⛩ SCHAWUOT TAG 2	7 שבת

OMERZEIT

Details zur Omerzählung, siehe Seite Seite 73

28 Sonntag	Gitin 12	8 יום ראשון
29 Montag	Gitin 13	9 יום שני
30 Dienstag	Gitin 14	10 יום שלישי
31 Mittwoch	Gitin 15	11 יום רביעי
1 Donnerstag	Gitin 16	12 יום חמישי
2 Freitag	Gitin 17	13 יום שישי
3 Schabbat	Gitin 18　NASSO	14 שבת
4 Sonntag	Gitin 19	15 יום ראשון
5 Montag	Gitin 20	16 יום שני
6 Dienstag	Gitin 21	17 יום שלישי
7 Mittwoch	Gitin 22	18 יום רביעי
8 Donnerstag	Gitin 23	19 יום חמישי
9 Freitag	Gitin 24	20 יום שישי
10 Schabbat	Gitin 25　BEHA'ALOTCHA	21 שבת

11 Sonntag		Gitin 26	22 יום ראשון
12 Montag		Gitin 27	23 יום שני
13 Dienstag		Gitin 28	24 יום שלישי
14 Mittwoch		Gitin 29	25 יום רביעי
15 Donnerstag		Gitin 30	26 יום חמישי
16 Freitag		Gitin 31	27 יום שישי
17 Schabbat	**SCHABBAT MEWARCHIM CHODESCH TAMMUS**	Gitin 32 SCH'LACH	28 שבת
18 Sonntag		Gitin 33 Molad: 15:36, 15 Chalakim	29 יום ראשון
19 Montag	◯ TAMMUS	Gitin 34	30 יום שני
20 Dienstag	◯ TAMMUS	Gitin 35	1 יום שלישי
21 Mittwoch		Gitin 36	2 יום רביעי
22 Donnerstag		Gitin 37	3 יום חמישי
23 Freitag		Gitin 38	4 יום שישי
24 Schabbat		Gitin 39 KORACH	5 שבת

25 Sonntag	**Gitin 40**		6 יום ראשון
26 Montag	**Gitin 41**		7 יום שני
27 Dienstag	**Gitin 42**		8 יום שלישי
28 Mittwoch	**Gitin 43**		9 יום רביעי
29 Donnerstag	**Gitin 44**		10 יום חמישי
30 Freitag	**Gitin 45**		11 יום שישי
1 Schabbat	**Gitin 46**	**CHUKAT–BALAK**	12 שבת
2 Sonntag	**Gitin 47**		13 יום ראשון
3 Montag	**Gitin 48**		14 יום שני
4 Dienstag	**Gitin 49**		15 יום שלישי
5 Mittwoch	**Gitin 50**		16 יום רביעי
6 Donnerstag	**TZOM TAMMUS** **Gitin 51**		17 יום חמישי
7 Freitag	**Gitin 52**		18 יום שישי
8 Schabbat	**Gitin 53**	**PINCHAS**	19 שבת

9 Sonntag		Gitin 54	20 יום ראשון
10 Montag		Gitin 55	21 יום שני
11 Dienstag		Gitin 56	22 יום שלישי
12 Mittwoch		Gitin 57	23 יום רביעי
13 Donnerstag		Gitin 58	24 יום חמישי
14 Freitag		Gitin 59	25 יום שישי
15 Schabbat	**SCHABBAT MEWARCHIM CHODESCH AW**	Gitin 60	MATOT-MASEI	26 שבת
16 Sonntag		Gitin 61	27 יום ראשון
17 Montag		Gitin 62	28 יום שני
18 Dienstag		Gitin 63 Molad: 4:20, 16 Chalakim	29 יום שלישי
19 Mittwoch	○ AW	Gitin 64	1 יום רביעי
20 Donnerstag		Gitin 65	2 יום חמישי
21 Freitag		Gitin 66	3 יום שישי
22 Schabbat	**SCHABBAT CHAZON**	Gitin 67 DEWARIM	4 שבת

AW 5783

23 Sonntag		Gitin 68	5 יום ראשון
24 Montag		Gitin 69	6 יום שני
25 Dienstag		Gitin 70	7 יום שלישי
26 Mittwoch	**EREW TISCHA B'AW**	Gitin 71	8 יום רביעי
27 Donnerstag	**TISCHA BE'AW**	Gitin 72	9 יום חמישי
28 Freitag		Gitin 73	10 יום שישי
29 Schabbat	**SCHABBAT NACHAMU**	Gitin 74 ⊟ **WAETCHANAN**	11 שבת
30 Sonntag		Gitin 75	12 יום ראשון
31 Montag		Gitin 76	13 יום שני
1 Dienstag		Gitin 77	14 יום שלישי
2 Mittwoch	**TU BE'AW**	Gitin 78	15 יום רביעי
3 Donnerstag		Gitin 79	16 יום חמישי
4 Freitag	Jahrzeit Rabbiner Adin Even-Israel Steinsaltz	Gitin 80	17 יום שישי
5 Schabbat		Gitin 81 ⊟ **EKEW**	18 שבת

אבֿ

אבֿ

6 Sonntag	Gitin 82	19 יום ראשון
7 Montag	Gitin 83	20 יום שני
8 Dienstag	Gitin 84	21 יום שלישי
9 Mittwoch	Gitin 85	22 יום רביעי
10 Donnerstag	Gitin 86	23 יום חמישי
11 Freitag	Gitin 87	24 יום שישי
12 Schabbat	**SCHABBAT MEWARCHIM CHODESCH ELUL**	Gitin 88 RE'EH	25 שבת
13 Sonntag	Gitin 89	26 יום ראשון
14 Montag	Gitin 90	27 יום שני
15 Dienstag	Kidduschin 2	28 יום שלישי
16 Mittwoch	Kidduschin 3 Molad: 17:04, 17 Chalakim	29 יום רביעי
17 Donnerstag	◯ ELUL Kidduschin 4	30 יום חמישי
18 Freitag	◯ ELUL Kidduschin 5	1 יום שישי
19 Schabbat	Kidduschin 6 SCHOFTIM	2 שבת

20 Sonntag	Kidduschin 7	3 יום ראשון
21 Montag	Kidduschin 8	4 יום שני
22 Dienstag	Kidduschin 9	5 יום שלישי
23 Mittwoch	Kidduschin 10	6 יום רביעי
24 Donnerstag	Kidduschin 11	7 יום חמישי
25 Freitag	Kidduschin 12	8 יום שישי
26 Schabbat	Kidduschin 13 KI TETZE	9 שבת
27 Sonntag	Kidduschin 14	10 יום ראשון
28 Montag	Kidduschin 15	11 יום שני
29 Dienstag	Kidduschin 16	12 יום שלישי
30 Mittwoch	Kidduschin 17	13 יום רביעי
31 Donnerstag	Kidduschin 18	14 יום חמישי
1 Freitag	Kidduschin 19	15 יום שישי
2 Schabbat	Kidduschin 20 KI TAWO	16 שבת

3 Sonntag		Kidduschin 21		17 יום ראשון
4 Montag		Kidduschin 22		18 יום שני
5 Dienstag		Kidduschin 23		19 יום שלישי
6 Mittwoch		Kidduschin 24		20 יום רביעי
7 Donnerstag		Kidduschin 25		21 יום חמישי
8 Freitag		Kidduschin 26		22 יום שישי
9 Schabbat	LEIL SELICHOT	Kidduschin 27	NITZAWIM-WAJELECH	23 שבת
10 Sonntag		Kidduschin 28		24 יום ראשון
11 Montag		Kidduschin 29		25 יום שני
12 Dienstag		Kidduschin 30		26 יום שלישי
13 Mittwoch		Kidduschin 31		27 יום רביעי
14 Donnerstag		Kidduschin 32		28 יום חמישי
15 Freitag	EREW ROSCH HASCHANA	Kidduschin 33	Molad: 5:49, 0 Chalakim	29 יום שישי
16 Schabbat	ROSCH HASCHANA 5784	Kidduschin 34	ROSCH HASCHANA	1 שבת

17 Sonntag	**ROSCH HASCHANA II**		2 יום ראשון
18 Montag	**TZOM GEDALJAH**		3 יום שני
19 Dienstag			4 יום שלישי
20 Mittwoch			5 יום רביעי
21 Donnerstag			6 יום חמישי
22 Freitag			7 יום שישי
23 Schabbat	**SCHABBAT SCHUWA**	HA'AZINU	8 שבת
24 Sonntag	**EREW JOM KIPPUR**		9 יום ראשון
25 Montag	**JOM KIPPUR**		10 יום שני
26 Dienstag			11 יום שלישי
27 Mittwoch			12 יום רביעי
28 Donnerstag			13 יום חמישי
29 Freitag	**EREW SUKKOT**		14 יום שישי
30 Schabbat	**SUKKOT I**	SUKKOT TAG 1	15 שבת

SCHABBATZEITEN

Wann beginnt der Schabbat? Eine einfache Antwort liegt nahe: mit dem Sonnenuntergang am Freitagabend. Eine vorsichtigere Alternative wäre: mit dem Anzünden der Kerzen. Wenn der Schabbat aber mit Sonnenuntergang beginnt, warum zünden wir die Kerzen in den meisten Gemeinden dann 18 Minuten vor Sonnenuntergang? Die Antwort darauf könnte etwa lauten, dass der Schabbat überhaupt nicht mit dem Sonnenuntergang beginnt, sondern eine gewisse Zeit davor.

Man wartet nicht, bis der Schabbat Einzug hält, sondern man beginnt den Schabbat, indem man die Kerzen zündet, eine Bracha oder ein Gebet spricht (Talmud Schabbat 23a), durch eine mündliche Erklärung oder einfach durch Unterlassen der 39 verbotenen Arbeiten. In den meisten Fällen ist es natürlich das Zünden der Kerzen, das auch das Sprechen einer Bracha beinhaltet. Anschließend hat der Schabbat dann tatsächlich begonnen. Man wartet also nicht ab, bis die Sonne untergeht und der Schabbat den Menschen einholt.

Die gewisse Zeitspanne vor dem Schabbat ist eine Hinzufügung und wird deshalb als »*Tosefet Schabbat*« bezeichnet (deutsch: Zusatz zum Schabbat). Sie kann 18 Minuten vor Sonnenuntergang beginnen, wie es in vielen deutschen Gemeinden üblich ist, aber auch 21 Minuten wie in Tel Aviv, oder gar 40 Minuten wie in Jerusalem.

Der »Zusatz zum Schabbat« wird als Mizwa betrachtet. Josef Karo (1488–1575) schreibt im *Schulchan Aruch* (*Orach Chajim* 261), dass man etwas von der Woche dem Schabbat hinzufügen soll. Der Talmud (Joma 81b) berichtet davon, auch einem Fastentag etwas Zeit hinzuzufügen.

Rabbiner Chajm ben Mosche ibn Attar (1696–1743) aus Marokko, nach seinem gleichnamigen Torakommentar auch *Or haChajim* genannt, kommentiert zum 2. Buch Moses (31,16), wo es heißt, dass die Kinder Jisraels den Schabbat »machen sollen« (*la'asot et schabbat*), dass sich dies auf die Mizwa des »*Tosefet Schabbat*« beziehe.

Die Frage, wie viel Zeit man hinzufügen sollte, beantwortet Josef Karo indirekt: Man sollte die Zeit hinzufügen, die man brauche, um ein Mil zu gehen. Ein Mil scheint eine Strecke von etwa 1.000 Metern gewesen zu sein. Festgelegt wurde von einigen Autoritäten, dass dies wohl 18 Minuten seien.

Eine alternative Erklärung für die Herkunft dieses zusätzlichen Zeitraums kann auch in der ursprünglichen Bekanntmachung des Schabbats liegen: Im Talmud (Schabbat 35b) wird erklärt, dass der Schabbat durch sechs Schofartöne angekündigt wurde und es zwischen einer Folge von Tönen einen Zeitraum gab, der so lange war, »wie es dauerte, einen kleinen Fisch zu rösten«. Es ist durchaus denkbar, dass dieser Zeitraum weiter beachtet wurde, jedoch eine andere Deutung erfahren hat.

Für diesen Kalender wurde die Zeit des Sonnenuntergangs mit Abzug der 18 Minuten verwendet. Für die Hawdalah wurden 50 Minuten nach Sonnenuntergang (Erscheinen von drei mittelgroßen Sternen) angewendet.

Datum		Basel	Berlin	Düsseldorf	Frankfurt	Wien
06.09.2021	Zünden	19:42	19:24	19:49	19:40	19:07
07.09.2021	Zünden	20:45	20:33	20:56	20:46	20:11
10.09.2021	Zünden	19:33	19:15	19:40	19:31	18:59
11.09.2021	Haw.	20:36	20:23	20:46	20:36	20:02
15.09.2021	Zünden	19:23	19:03	19:28	19:20	18:48
17.09.2021	Zünden	19:19	18:58	19:24	19:16	18:44
18.09.2021	Haw.	20:21	20:05	20:30	20:20	19:47
20.09.2021	Zünden	19:13	18:51	19:17	19:09	18:38
21.09.2021	Zünden	20:15	19:58	20:22	20:13	19:41
22.09.2021	Haw.	20:13	19:55	20:20	20:11	19:38
24.09.2021	Zünden	19:05	18:41	19:08	19:00	18:30
25.09.2021	Haw.	20:07	19:48	20:13	20:04	19:32
27.09.2021	Zünden	18:59	18:34	19:01	18:54	18:23
28.09.2021	Zünden	20:01	19:41	20:06	19:58	19:26
29.09.2021	Haw.	19:58	19:38	20:04	19:56	19:24
01.10.2021	Zünden	18:51	18:25	18:52	18:45	18:15
02.10.2021	Haw.	19:52	19:31	19:57	19:49	19:18
08.10.2021	Zünden	18:37	18:09	18:36	18:30	18:01
09.10.2021	Haw.	19:39	19:15	19:42	19:34	19:03
15.10.2021	Zünden	18:23	17:53	18:21	18:15	17:47
16.10.2021	Haw.	19:26	19:00	19:27	19:20	18:50
22.10.2021	Zünden	18:10	17:38	18:07	18:01	17:34
23.10.2021	Haw.	19:14	18:46	19:14	19:07	18:38

Bei Unsicherheiten wendet man sich bitte an einen lokalen Rabbiner.

Datum		Basel	Berlin	Düsseldorf	Frankfurt	Wien
29.10.2021	Zünden	17:58	17:23	17:53	17:48	17:22
30.10.2021	Haw.	19:02	18:33	19:01	18:55	18:27
05.11.2021	Zünden	16:48	16:10	16:41	16:36	16:11
06.11.2021	Haw.	17:53	17:21	17:50	17:44	17:17
12.11.2021	Zünden	16:38	15:59	16:30	16:26	16:01
13.11.2021	Haw.	17:45	17:11	17:40	17:35	17:08
19.11.2021	Zünden	16:31	15:49	16:21	16:17	15:53
20.11.2021	Haw.	17:38	17:03	17:33	17:28	17:02
26.11.2021	Zünden	16:25	15:41	16:14	16:11	15:47
27.11.2021	Haw.	17:34	16:57	17:27	17:23	16:57
03.12.2021	Zünden	16:21	15:36	16:09	16:06	15:43
04.12.2021	Haw.	17:31	16:53	17:24	17:20	16:54
10.12.2021	Zünden	16:20	15:34	16:07	16:04	15:42
11.12.2021	Haw.	17:31	16:52	17:23	17:19	16:54
17.12.2021	Zünden	16:21	15:34	16:07	16:05	15:43
18.12.2021	Haw.	17:32	16:53	17:24	17:20	16:55
24.12.2021	Zünden	16:24	15:37	16:11	16:08	15:46
25.12.2021	Haw.	17:36	16:57	17:28	17:24	16:59
31.12.2021	Zünden	16:29	15:43	16:16	16:14	15:52
01.01.2022	Haw.	17:41	17:03	17:34	17:29	17:04
07.01.2022	Zünden	16:37	15:52	16:24	16:22	15:59
08.01.2022	Haw.	17:48	17:11	17:41	17:37	17:11
14.01.2022	Zünden	16:46	16:02	16:34	16:31	16:08

Bei Unsicherheiten wendet man sich bitte an einen lokalen Rabbiner.

Datum		Basel	Berlin	Düsseldorf	Frankfurt	Wien
15.01.2022	Haw.	17:56	17:20	17:50	17:45	17:20
21.01.2022	Zünden	16:55	16:14	16:46	16:42	16:18
22.01.2022	Haw.	18:05	17:30	18:00	17:55	17:29
28.01.2022	Zünden	17:06	16:26	16:58	16:54	16:29
29.01.2022	Haw.	18:15	17:42	18:11	18:06	17:39
04.02.2022	Zünden	17:17	16:39	17:10	17:06	16:40
05.02.2022	Haw.	18:25	17:54	18:22	18:17	17:49
11.02.2022	Zünden	17:28	16:53	17:23	17:18	16:51
12.02.2022	Haw.	18:35	18:06	18:34	18:28	17:59
18.02.2022	Zünden	17:39	17:06	17:35	17:30	17:03
19.02.2022	Haw.	18:45	18:18	18:46	18:39	18:10
25.02.2022	Zünden	17:50	17:19	17:48	17:42	17:14
26.02.2022	Haw.	18:56	18:31	18:58	18:50	18:20
04.03.2022	Zünden	18:00	17:32	18:00	17:54	17:25
05.03.2022	Haw.	19:06	18:43	19:09	19:02	18:31
11.03.2022	Zünden	18:11	17:45	18:12	18:05	17:35
12.03.2022	Haw.	19:16	18:56	19:21	19:13	18:41
18.03.2022	Zünden	18:21	17:57	18:24	18:16	17:46
19.03.2022	Haw.	19:26	19:08	19:33	19:25	18:52
25.03.2022	Zünden	18:31	18:10	18:36	18:27	17:56
26.03.2022	Haw.	19:37	19:21	19:46	19:36	19:02
01.04.2022	Zünden	19:41	19:22	19:47	19:39	19:06
02.04.2022	Haw.	20:47	20:34	20:58	20:48	20:13

Bei Unsicherheiten wendet man sich bitte an einen lokalen Rabbiner.

Datum		Basel	Berlin	Düsseldorf	Frankfurt	Wien
08.04.2022	Zünden	19:51	19:34	19:59	19:50	19:16
09.04.2022	Haw.	20:58	20:48	21:11	21:00	20:24
15.04.2022	Zünden	20:01	19:46	20:10	20:01	19:26
16.04.2022	Zünden	21:09	21:02	21:24	21:13	20:36
17.04.2022	Haw.	21:11	21:04	21:26	21:14	20:38
21.04.2022	Zünden	20:09	19:57	20:20	20:10	19:35
22.04.2022	Zünden	20:10	19:59	20:22	20:12	19:37
23.04.2022	Haw.	21:20	21:16	21:37	21:25	20:47
29.04.2022	Zünden	20:20	20:11	20:33	20:23	19:47
30.04.2022	Haw.	21:32	21:31	21:51	21:38	20:59
06.05.2022	Zünden	20:30	20:23	20:45	20:33	19:57
07.05.2022	Haw.	21:43	21:46	22:05	21:51	21:11
13.05.2022	Zünden	20:39	20:34	20:56	20:44	20:06
14.05.2022	Haw.	21:54	22:00	22:18	22:04	21:22
20.05.2022	Zünden	20:48	20:45	21:06	20:53	20:15
21.05.2022	Haw.	22:05	22:15	22:31	22:16	21:33
27.05.2022	Zünden	20:56	20:55	21:15	21:02	20:23
28.05.2022	Haw.	22:15	22:27	22:43	22:27	21:43
03.06.2022	Zünden	21:03	21:03	21:23	21:10	20:30
04.06.2022	Zünden	22:23	22:39	22:53	22:36	21:52
05.06.2022	Zünden	22:24	22:40	22:54	22:38	21:53
06.06.2022	Haw.	22:25	22:41	22:56	22:39	21:54
10.06.2022	Zünden	21:08	21:09	21:29	21:15	20:35

Bei Unsicherheiten wendet man sich bitte an einen lokalen Rabbiner.

Datum		Basel	Berlin	Düsseldorf	Frankfurt	Wien
11.06.2022	Haw.	22:29	22:47	23:01	22:43	21:58
17.06.2022	Zünden	21:11	21:14	21:33	21:19	20:39
18.06.2022	Haw.	22:33	22:52	23:05	22:48	22:02
24.06.2022	Zünden	21:13	21:15	21:34	21:21	20:41
25.06.2022	Haw.	22:34	22:53	23:06	22:49	22:03
01.07.2022	Zünden	21:12	21:14	21:33	21:20	20:40
02.07.2022	Haw.	22:32	22:50	23:04	22:47	22:01
08.07.2022	Zünden	21:10	21:10	21:30	21:17	20:37
09.07.2022	Haw.	22:28	22:43	22:58	22:41	21:57
15.07.2022	Zünden	21:05	21:04	21:24	21:11	20:32
16.07.2022	Haw.	22:21	22:33	22:49	22:33	21:50
22.07.2022	Zünden	20:58	20:55	21:16	21:04	20:25
23.07.2022	Haw.	22:12	22:21	22:38	22:23	21:41
29.07.2022	Zünden	20:50	20:45	21:06	20:54	20:17
30.07.2022	Haw.	22:02	22:07	22:25	22:11	21:30
05.08.2022	Zünden	20:40	20:33	20:55	20:43	20:07
06.08.2022	Haw.	21:50	21:52	22:11	21:57	21:18
12.08.2022	Zünden	20:29	20:20	20:42	20:31	19:55
13.08.2022	Haw.	21:37	21:35	21:55	21:43	21:04
19.08.2022	Zünden	20:17	20:05	20:28	20:18	19:43
20.08.2022	Haw.	21:23	21:18	21:39	21:27	20:50
26.08.2022	Zünden	20:04	19:50	20:14	20:04	19:30
27.08.2022	Haw.	21:09	21:01	21:23	21:12	20:35

Bei Unsicherheiten wendet man sich bitte an einen lokalen Rabbiner.

Datum		Basel	Berlin	Düsseldorf	Frankfurt	Wien
02.09.2022	Zünden	19:50	19:34	19:58	19:49	19:16
03.09.2022	Haw.	20:54	20:43	21:06	20:56	20:20
09.09.2022	Zünden	19:36	19:18	19:43	19:34	19:01
10.09.2022	Haw.	20:39	20:26	20:49	20:39	20:05
16.09.2022	Zünden	19:22	19:01	19:27	19:19	18:47
17.09.2022	Haw.	20:24	20:08	20:33	20:23	19:50
23.09.2022	Zünden	19:07	18:44	19:11	19:03	18:32
24.09.2022	Haw.	20:09	19:51	20:16	20:07	19:35
25.09.2022	Zünden	19:03	18:40	19:06	18:59	18:28
26.09.2022	Zünden	20:05	19:46	20:11	20:03	19:30
30.09.2022	Zünden	18:53	18:28	18:55	18:48	18:18
01.10.2022	Haw.	19:55	19:34	20:00	19:52	19:20
04.10.2022	Zünden	18:45	18:18	18:46	18:39	18:09
07.10.2022	Zünden	18:39	18:11	18:39	18:32	18:03
08.10.2022	Haw.	19:41	19:18	19:44	19:37	19:06
09.10.2022	Zünden	18:35	18:07	18:35	18:28	17:59
10.10.2022	Zünden	19:37	19:14	19:40	19:33	19:02
11.10.2022	Haw.	19:35	19:11	19:38	19:31	19:00
14.10.2022	Zünden	18:25	17:56	18:24	18:18	17:49
15.10.2022	Haw.	19:28	19:03	19:30	19:22	18:52
16.10.2022	Zünden	18:22	17:51	18:20	18:14	17:46
17.10.2022	Zünden	19:24	18:58	19:26	19:19	18:49
18.10.2022	Haw.	19:22	18:56	19:24	19:17	18:47

Bei Unsicherheiten wendet man sich bitte an einen lokalen Rabbiner.

Datum		Basel	Berlin	Düsseldorf	Frankfurt	Wien
21.10.2022	Zünden	18:12	17:40	18:09	18:04	17:36
22.10.2022	Haw.	19:16	18:48	19:16	19:09	18:40
28.10.2022	Zünden	18:00	17:26	17:56	17:51	17:24
29.10.2022	Haw.	19:04	18:35	19:03	18:57	18:28
04.11.2022	Zünden	16:49	16:13	16:43	16:38	16:13
05.11.2022	Haw.	17:54	17:23	17:52	17:46	17:18
11.11.2022	Zünden	16:40	16:01	16:32	16:28	16:03
12.11.2022	Haw.	17:46	17:13	17:42	17:37	17:10
18.11.2022	Zünden	16:32	15:51	16:22	16:19	15:55
19.11.2022	Haw.	17:39	17:04	17:34	17:29	17:03
25.11.2022	Zünden	16:26	15:43	16:15	16:12	15:48
26.11.2022	Haw.	17:34	16:58	17:28	17:23	16:58
02.12.2022	Zünden	16:22	15:37	16:10	16:07	15:44
03.12.2022	Haw.	17:31	16:54	17:24	17:20	16:54
09.12.2022	Zünden	16:20	15:34	16:07	16:04	15:42
10.12.2022	Haw.	17:31	16:52	17:23	17:19	16:54
16.12.2022	Zünden	16:20	15:34	16:07	16:05	15:42
17.12.2022	Haw.	17:32	16:53	17:24	17:20	16:55
23.12.2022	Zünden	16:23	15:36	16:10	16:08	15:45
24.12.2022	Haw.	17:35	16:56	17:27	17:23	16:58
30.12.2022	Zünden	16:28	15:42	16:15	16:13	15:50
31.12.2022	Haw.	17:40	17:02	17:32	17:28	17:03
06.01.2023	Zünden	16:35	15:50	16:23	16:20	15:58

Bei Unsicherheiten wendet man sich bitte an einen lokalen Rabbiner.

Datum		Basel	Berlin	Düsseldorf	Frankfurt	Wien
07.01.2023	Haw.	17:47	17:09	17:40	17:35	17:10
13.01.2023	Zünden	16:44	16:00	16:32	16:30	16:06
14.01.2023	Haw.	17:55	17:18	17:48	17:44	17:18
20.01.2023	Zünden	16:54	16:11	16:43	16:40	16:16
21.01.2023	Haw.	18:04	17:29	17:58	17:53	17:27
27.01.2023	Zünden	17:04	16:24	16:55	16:52	16:27
28.01.2023	Haw.	18:13	17:40	18:09	18:04	17:37
03.02.2023	Zünden	17:15	16:37	17:08	17:04	16:38
04.02.2023	Haw.	18:23	17:52	18:20	18:15	17:47
10.02.2023	Zünden	17:26	16:50	17:21	17:16	16:49
11.02.2023	Haw.	18:33	18:04	18:32	18:26	17:57
17.02.2023	Zünden	17:37	17:04	17:33	17:28	17:01
18.02.2023	Haw.	18:44	18:16	18:44	18:37	18:08
24.02.2023	Zünden	17:48	17:17	17:46	17:40	17:12
25.02.2023	Haw.	18:54	18:28	18:56	18:48	18:18
03.03.2023	Zünden	17:58	17:30	17:58	17:51	17:23
04.03.2023	Haw.	19:04	18:41	19:07	19:00	18:29
10.03.2023	Zünden	18:09	17:43	18:10	18:03	17:33
11.03.2023	Haw.	19:14	18:53	19:19	19:11	18:39
17.03.2023	Zünden	18:19	17:55	18:22	18:14	17:44
18.03.2023	Haw.	19:25	19:06	19:31	19:22	18:50
24.03.2023	Zünden	18:29	18:08	18:34	18:25	17:54
25.03.2023	Haw.	19:35	19:19	19:43	19:34	19:01

Bei Unsicherheiten wendet man sich bitte an einen lokalen Rabbiner.

Datum		Basel	Berlin	Düsseldorf	Frankfurt	Wien
31.03.2023	Zünden	19:39	19:20	19:45	19:37	19:04
01.04.2023	Haw.	20:45	20:32	20:56	20:46	20:11
05.04.2023	Zünden	19:46	19:29	19:53	19:44	19:12
06.04.2023	Zünden	20:53	20:42	21:05	20:54	20:19
07.04.2023	Zünden	19:49	19:32	19:57	19:48	19:14
08.04.2023	Haw.	20:56	20:46	21:09	20:58	20:23
11.04.2023	Zünden	19:55	19:39	20:03	19:54	19:20
12.04.2023	Zünden	21:03	20:53	21:16	21:05	20:29
13.04.2023	Haw.	21:04	20:55	21:18	21:07	20:31
14.04.2023	Zünden	19:59	19:44	20:08	19:59	19:25
15.04.2023	Haw.	21:07	20:59	21:22	21:10	20:34
21.04.2023	Zünden	20:09	19:57	20:20	20:10	19:35
22.04.2023	Haw.	21:18	21:14	21:35	21:23	20:45
28.04.2023	Zünden	20:18	20:09	20:31	20:21	19:45
29.04.2023	Haw.	21:30	21:28	21:49	21:36	20:57
05.05.2023	Zünden	20:28	20:21	20:43	20:31	19:55
06.05.2023	Haw.	21:41	21:43	22:02	21:49	21:09
12.05.2023	Zünden	20:38	20:32	20:54	20:42	20:04
13.05.2023	Haw.	21:52	21:58	22:16	22:02	21:20
19.05.2023	Zünden	20:46	20:43	21:04	20:52	20:14
20.05.2023	Haw.	22:03	22:12	22:29	22:14	21:32
25.05.2023	Zünden	20:53	20:52	21:12	20:59	20:21
26.05.2023	Zünden	20:54	20:53	21:13	21:01	20:22

Bei Unsicherheiten wendet man sich bitte an einen lokalen Rabbiner.

Datum		Basel	Berlin	Düsseldorf	Frankfurt	Wien
27.05.2023	Haw.	22:13	22:25	22:41	22:25	21:42
02.06.2023	Zünden	21:01	21:02	21:21	21:08	20:29
03.06.2023	Haw.	22:21	22:37	22:52	22:35	21:50
09.06.2023	Zünden	21:07	21:09	21:28	21:14	20:35
10.06.2023	Haw.	22:28	22:46	23:00	22:42	21:57
16.06.2023	Zünden	21:11	21:13	21:32	21:19	20:39
17.06.2023	Haw.	22:32	22:51	23:05	22:47	22:02
23.06.2023	Zünden	21:13	21:15	21:34	21:21	20:41
24.06.2023	Haw.	22:34	22:53	23:06	22:49	22:03
30.06.2023	Zünden	21:13	21:14	21:34	21:20	20:40
01.07.2023	Haw.	22:33	22:51	23:04	22:47	22:02
07.07.2023	Zünden	21:10	21:11	21:31	21:17	20:38
08.07.2023	Haw.	22:29	22:44	22:59	22:42	21:58
14.07.2023	Zünden	21:06	21:05	21:25	21:12	20:33
15.07.2023	Haw.	22:23	22:35	22:51	22:35	21:51
21.07.2023	Zünden	20:59	20:57	21:18	21:05	20:27
22.07.2023	Haw.	22:14	22:23	22:40	22:25	21:43
28.07.2023	Zünden	20:51	20:47	21:08	20:56	20:18
29.07.2023	Haw.	22:04	22:10	22:27	22:13	21:32
04.08.2023	Zünden	20:42	20:35	20:57	20:45	20:09
05.08.2023	Haw.	21:52	21:54	22:13	22:00	21:20
11.08.2023	Zünden	20:31	20:22	20:44	20:33	19:57
12.08.2023	Haw.	21:39	21:38	21:58	21:45	21:07

Bei Unsicherheiten wendet man sich bitte an einen lokalen Rabbiner.

Datum		Basel	Berlin	Düsseldorf	Frankfurt	Wien
18.08.2023	Zünden	20:19	20:08	20:31	20:20	19:45
19.08.2023	Haw.	21:26	21:21	21:42	21:30	20:53
25.08.2023	Zünden	20:06	19:53	20:16	20:06	19:32
26.08.2023	Haw.	21:11	21:04	21:26	21:14	20:38
01.09.2023	Zünden	19:52	19:37	20:01	19:52	19:18
02.09.2023	Haw.	20:56	20:46	21:09	20:58	20:23
08.09.2023	Zünden	19:38	19:20	19:45	19:37	19:04
09.09.2023	Haw.	20:42	20:29	20:52	20:42	20:08
15.09.2023	Zünden	19:24	19:04	19:30	19:21	18:49
16.09.2023	Zünden	20:27	20:11	20:35	20:26	19:52
22.09.2023	Zünden	19:10	18:47	19:14	19:06	18:35
23.09.2023	Haw.	20:12	19:54	20:19	20:10	19:37

Bei Unsicherheiten wendet man sich bitte an einen lokalen Rabbiner.

ERRECHNEN OB EIN JAHR EIN SCHALTJAHR IST

Die Jahreszahl muss durch 19 geteilt werden.

Beträgt der Rest 3, 6, 8, 11, 14, 17 oder 0, dann handelt es sich um ein Schaltjahr. In allen anderen Fällen dementsprechend nicht.

In Tabellenkalkulationsprogrammen kann man sich den Rest über die Funktion MOD() oder REST() ausgeben lassen.

Die nächsten Schaltjahre:
5782 (2021-2022)
5784 (2023-2024)
5787 (2026-2027)
5790 (2029-2030)
5793 (2032-2033)
5795 (2034-2035)

BIRKAT HACHAMAH

Birkat haChamah wird alle 28 Jahre gesagt.

Daten von Birkat haChamah

Jüd. Jahr	Jahr n. allg. Zeitr.	Tag im Monat jüd.	Tag im Monat n. allg. Zeitr.	Wochentag
5797	2037	23. Nissan	8. April	Mittwoch
5825	2065	2. Nissan	8. April	Mittwoch
5853	2093	12. Nissan	8. April	Mittwoch
5881	2121	21. Nissan	9. April	Mittwoch
5909	2149	2. Nissan	9. April	Mittwoch
5937	2177	11. Nissan	9. April	Mittwoch
5965	2205	19. Nissan	10. April	Mittwoch
5993	2233	29. Adar 2	10. April	Mittwoch

ZÜNDEN DER CHANUKKAH–KERZEN SCHEMA

Erste Nacht	–	–	–	–	–	–	–	1
Zweite Nacht	–	–	–	–	–	–	1	2
Dritte Nacht	–	–	–	–	–	1	2	3
Vierte Nacht	–	–	–	–	1	2	3	4
Fünfte Nacht	–	–	–	1	2	3	4	5
Sechste Nacht	–	–	1	2	3	4	5	6
Siebente Nacht	–	1	2	3	4	5	6	7
Achte Nacht	1	2	3	4	5	6	7	8

OMERZÄHLEN

HaJom	Umschrift	Übersetzung	2022	2023
הַיּוֹם יוֹם אֶחָד לָעֹמֶר.	Hajom jom echad la-omer.	Heute ist der erste Tag des Omer.	17. Apr	07. Apr
הַיּוֹם שְׁנֵי יָמִים לָעֹמֶר.	Hajom sch'nei jamim la-omer.	Heute sind zwei Tage des Omer.	18. Apr	08. Apr
הַיּוֹם שְׁלֹשָׁה יָמִים לָעֹמֶר.	Hajom sch'loschah jamim la-Omer.	Heute sind drei Tage des Omer.	19. Apr	09. Apr
הַיּוֹם אַרְבָּעָה יָמִים לָעֹמֶר.	Hajom arbaah jamim la-Omer.	Heute sind vier Tage des Omer.	20. Apr	10. Apr
הַיּוֹם חֲמִשָּׁה יָמִים לָעֹמֶר.	Hajom cha-mischah jamim la-Omer.	Heute sind fünf Tage des Omer.	21. Apr	11. Apr
הַיּוֹם שִׁשָּׁה יָמִים לָעֹמֶר.	Hajom schischah jamim la-Omer.	Heute sind sechs Tage des Omer.	22. Apr	12. Apr
הַיּוֹם שִׁבְעָה יָמִים שֶׁהֵם שָׁבוּעַ אֶחָד לָעֹמֶר.	Hajom schivah jamim schehem schawua echad la-Omer.	Heute sind sieben Tage das ist eine Woche des Omer.	23. Apr	13. Apr

HaJom	Umschrift	Übersetzung	2022	2023
הַיּוֹם שְׁמוֹנָה יָמִים שֶׁהֵם שָׁבוּעַ אֶחָד וְיוֹם אֶחָד לָעֹמֶר.	Hajom sch'monah jamim schehem schawua echad we'jom echad la-Omer.	Heute sind acht Tage, das sind eine Woche und ein Tag des Omer.	24. Apr	14. Apr
הַיּוֹם תִּשְׁעָה יָמִים שֶׁהֵם שָׁבוּעַ אֶחָד וּשְׁנֵי יָמִים לָעֹמֶר.	Hajom tischah jamim schehem schawua echad uschnei jamim la-Omer.	Heute sind neun Tage, das sind eine Woche und zwei Tage des Omer.	25. Apr	15. Apr
הַיּוֹם עֲשָׂרָה יָמִים שֶׁהֵם שָׁבוּעַ אֶחָד וּשְׁלֹשָׁה יָמִים לָעֹמֶר.	Hajom asarah jamim schehem schawua echad uschloschah jamim la-Omer.	Heute sind zehn Tage, das sind eine Woche und drei Tage des Omer.	26. Apr	16. Apr
הַיּוֹם אַחַד עָשָׂר יוֹם שֶׁהֵם שָׁבוּעַ אֶחָד וְאַרְבָּעָה יָמִים לָעֹמֶר.	Hajom achad asar jom schehem schawua echad we'arbaah jamim la-Omer.	Heute sind elf Tage, das sind eine Woche und vier Tage des Omer.	27. Apr	17. Apr
הַיּוֹם שְׁנֵים עָשָׂר יוֹם שֶׁהֵם שָׁבוּעַ אֶחָד וַחֲמִשָּׁה יָמִים לָעֹמֶר.	Hajom sch'neim asar jom schehem schawua echad vachamischah jamim la-Omer.	Heute sind zwölf Tage, das sind eine Woche und fünf Tage des Omer.	28. Apr	18. Apr
הַיּוֹם שְׁלֹשָׁה עָשָׂר יוֹם שֶׁהֵם שָׁבוּעַ אֶחָד וְשִׁשָּׁה יָמִים לָעֹמֶר.	Hajom sch'loschah asar jom schehem schawua echad we'schischah jamim la-Omer.	Heute sind dreizehn Tage, das sind eine Woche und sechs Tage des Omer.	29. Apr	19. Apr
הַיּוֹם אַרְבָּעָה עָשָׂר יוֹם שֶׁהֵם שְׁנֵי שָׁבוּעוֹת לָעֹמֶר.	Hajom arbaah asar jom schehem sch'nei schawuot la-Omer.	Heute sind vierzehn Tage, das sind zwei Wochen des Omer.	30. Apr	20. Apr
הַיּוֹם חֲמִשָּׁה עָשָׂר יוֹם שֶׁהֵם שְׁנֵי שָׁבוּעוֹת וְיוֹם אֶחָד לָעֹמֶר.	Hajom cha-mischah asar jom schehem sch'nei schawuot we'jom echad la-Omer.	Heute sind fünfzehn Tage, das sind zwei Wochen und ein Tag des Omer.	01. Mai	21. Apr

HaJom	Umschrift	Übersetzung	2022	2023
הַיּוֹם שִׁשָּׁה עָשָׂר יוֹם שֶׁהֵם שְׁנֵי שָׁבוּעוֹת וּשְׁנֵי יָמִים לָעֹמֶר.	*Hajom schischah asar jom schehem sch'nei schawuot uschnei jamim la-Omer.*	Heute sind sechszehn Tage, das sind zwei Wochen und zwei Tage des Omer.	02. Mai	22. Apr
הַיּוֹם שִׁבְעָה עָשָׂר יוֹם שֶׁהֵם שְׁנֵי שָׁבוּעוֹת וּשְׁלֹשָׁה יָמִים לָעֹמֶר.	*Hajom schivah asar jom schehem sch'nei schawuot uschloschah jamim la-Omer.*	Heute sind siebzehn Tage, das sind zwei Wochen und drei Tage des Omer.	03. Mai	23. Apr
הַיּוֹם שְׁמוֹנָה עָשָׂר יוֹם שֶׁהֵם שְׁנֵי שָׁבוּעוֹת וְאַרְבָּעָה יָמִים לָעֹמֶר.	*Hajom sch'monah asar jom schehem sch'nei schawuot we'arbaah jamim la-Omer.*	Heute sind achtzehn Tage, das sind zwei Wochen und vier Tage des Omer.	04. Mai	24. Apr
הַיּוֹם תִּשְׁעָה עָשָׂר יוֹם שֶׁהֵם שְׁנֵי שָׁבוּעוֹת וַחֲמִשָּׁה יָמִים לָעֹמֶר.	*Hajom tischah asar jom schehem sch'nei schawuot vachamischah jamim la-Omer.*	Heute sind neunzehn Tage, das sind zwei Wochen und fünf Tage des Omer.	05. Mai	25. Apr
הַיּוֹם עֶשְׂרִים יוֹם שֶׁהֵם שְׁנֵי שָׁבוּעוֹת וְשִׁשָּׁה יָמִים לָעֹמֶר.	*Hajom esrim jom schehem sch'nei schawuot we'schischah jamim la-Omer.*	Heute sind zwanzig Tage, das sind zwei Wochen und sechs Tage des Omer.	06. Mai	26. Apr
הַיּוֹם אֶחָד וְעֶשְׂרִים יוֹם שֶׁהֵם שְׁלֹשָׁה שָׁבוּעוֹת לָעֹמֶר.	*Hajom echad we'esrim jom schehem sch'loschah schawuot la-Omer.*	Heute sind einundzwanzig Tage, das sind drei Wochen des Omer.	07. Mai	27. Apr
הַיּוֹם שְׁנַיִם וְעֶשְׂרִים יוֹם שֶׁהֵם שְׁלֹשָׁה שָׁבוּעוֹת וְיוֹם אֶחָד לָעֹמֶר.	*Hajom sch'nayim we'esrim jom schehem sch'loschah schawuot we'jom echad la-Omer.*	Heute sind zweiundzwanzig Tage, das sind drei Wochen und ein Tag des Omer.	08. Mai	28. Apr

HaJom	Umschrift	Übersetzung	2022	2023
הַיּוֹם שְׁלֹשָׁה וְעֶשְׂרִים יוֹם שֶׁהֵם שְׁלֹשָׁה שָׁבוּעוֹת וּשְׁנֵי יָמִים לָעֹמֶר.	*Hajom sch'loschah we'esrim jom schehem sch'lo-schah schawuot uschnei jamim la-Omer.*	Heute sind dreiund-zwanzig Tage, das sind drei Wochen und zwei Tage des Omer.	09. Mai	29. Apr
הַיּוֹם אַרְבָּעָה וְעֶשְׂרִים יוֹם שֶׁהֵם שְׁלֹשָׁה שָׁבוּעוֹת וּשְׁלֹשָׁה יָמִים לָעֹמֶר.	*Hajom arbaah we'esrim jom schehem sch'lo-schah schawuot uschloschah jamim la-Omer.*	Heute sind vierund-zwanzig Tage, das sind drei Wochen und drei Tage des Omer.	10. Mai	30. Apr
הַיּוֹם חֲמִשָּׁה וְעֶשְׂרִים יוֹם שֶׁהֵם שְׁלֹשָׁה שָׁבוּעוֹת וְאַרְבָּעָה יָמִים לָעֹמֶר.	*Hajom cha-mischah we'esrim jom schehem sch'loschah scha-wuot we'arbaah jamim la-Omer.*	Heute sind fünfund-zwanzig Tage, das sind drei Wochen und vier Tage des Omer.	11. Mai	01. Mai
הַיּוֹם שִׁשָּׁה וְעֶשְׂרִים יוֹם שֶׁהֵם שְׁלֹשָׁה שָׁבוּעוֹת וַחֲמִשָּׁה יָמִים לָעֹמֶר.	*Hajom schischah we'esrim jom schehem sch'lo-schah schawuot vachamischah jamim la-Omer.*	Heute sind sechs-undzwanzig Tage, das sind drei Wo-chen und fünf Tage des Omer.	12. Mai	02. Mai
הַיּוֹם שִׁבְעָה וְעֶשְׂרִים יוֹם שֶׁהֵם שְׁלֹשָׁה שָׁבוּעוֹת וְשִׁשָּׁה יָמִים לָעֹמֶר.	*Hajom schivah we'esrim jom schehem sch'lo-schah schawuot we'schischah jamim la-Omer.*	Heute sind sieben-undzwanzig Tage, das sind drei Wo-chen und sechs Tage des Omer.	13. Mai	03. Mai
הַיּוֹם שְׁמוֹנָה וְעֶשְׂרִים יוֹם שֶׁהֵם אַרְבָּעָה שָׁבוּעוֹת לָעֹמֶר.	*Hajom sch'monah we'esrim jom schehem arbaah schawuot la-Omer.*	Heute sind achtund-zwanzig Tage, das sind vier Wochen des Omer.	14. Mai	04. Mai
הַיּוֹם תִּשְׁעָה וְעֶשְׂרִים יוֹם שֶׁהֵם אַרְבָּעָה שָׁבוּעוֹת וְיוֹם אֶחָד לָעֹמֶר.	*Hajom tischah we'esrim jom schehem arbaah schawuot we'jom echad la-Omer.*	Heute sind neun-undzwanzig Tage, das sind vier Wo-chen und ein Tag des Omer.	15. Mai	05. Mai

HaJom	Umschrift	Übersetzung	2022	2023
הַיּוֹם שְׁלֹשִׁים יוֹם שֶׁהֵם אַרְבָּעָה שָׁב וּעוֹת וּשְׁנֵי יָמִים לָעֹמֶר.	*Hajom sch'loschim jom schehem arbaah schawuot uschnei jamim la-Omer.*	Heute sind dreißig Tage, das sind vier Wochen und zwei Tage des Omer.	16. Mai	06. Mai
הַיּוֹם אֶחָד וּשְׁלֹשִׁים יוֹם שֶׁהֵם אַרְבָּעָה שָׁבוּעוֹת וּשְׁלֹשָׁה יָמִים לָעֹמֶר.	*Hajom echad uschloschim jom schehem arbaah schawuot uschloschah jamim la-Omer.*	Heute sind einunddreißig Tage, das sind vier Wochen und drei Tage des Omer.	17. Mai	07. Mai
הַיּוֹם שְׁנַיִם וּשְׁלֹשִׁים יוֹם שֶׁהֵם אַרְבָּעָה שָׁבוּעוֹ ת וְאַרְבָּעָה יָמִים לָעֹמֶר.	*Hajom sch'nay-im uschloschim jom schehem arbaah schawuot we'arbaah jamim la-Omer.*	Heute sind zweiunddreißig Tage, das sind vier Wochen und vier Tage des Omer.	18. Mai	08. Mai
הַיּוֹם שְׁלֹשָׁה וּ שְׁלֹשִׁים יוֹם שֶׁהֵם אַרְבָּעָה שָׁבוּעוֹ ת וַחֲמִשָּׁה יָמִים לָעֹמֶר.	*Hajom sch'loschah uschloschim jom schehem arbaah schawuot vacha-mischah jamim la-Omer.*	Heute sind dreiunddreißig Tage, das sind vier Wochen und fünf Tage des Omer.	19. Mai	09. Mai
הַיּוֹם אַרְבָּעָה וּשְׁלֹשִׁים יוֹם שֶׁהֵם אַרְבָּעָה שָׁבוּעוֹת וְשִׁשָּׁה יָמִים לָעֹמֶר.	*Hajom arbaah uschloschim jom schehem arbaah schawuot we'schischah jamim la-Omer.*	Heute sind vierunddreißig Tage, das sind vier Wochen und sechs Tage des Omer.	20. Mai	10. Mai
הַיּוֹם חֲמִשָּׁה וּשְׁלֹשִׁים יוֹם שֶׁהֵם חֲמִשָּׁה שָׁבוּעוֹת לָעֹמֶר.	*Hajom cha-mischah uschloschim jom schehem cha-mischah schawuot la-Omer.*	Heute sind fünfunddreißig Tage, das sind fünf Wochen des Omer.	21. Mai	11. Mai
הַיּוֹם שִׁשָּׁה וּשְׁלֹשִׁים יוֹם שֶׁהֵם חֲמִשָּׁה שָׁבוּעוֹת וְיוֹם אֶחָד לָעֹמֶר.	*Hajom schischah uschloschim jom schehem cha-mischah schawuot ve'jom echad la-Omer.*	Heute sind sechsunddreißig Tage, das sind fünf Wochen und ein Tag des Omer.	22. Mai	12. Mai

HaJom	Umschrift	Übersetzung	2022	2023
הַיּוֹם שִׁבְעָה וּשְׁלֹשִׁים יוֹם שֶׁהֵם חֲמִשָּׁה שָׁבוּעוֹת וּשְׁנֵי יָמִים לָעֹמֶר.	*Hajom schivah uschloschim jom schehem chamischah schawuot uschnei jamim la-Omer.*	Heute sind sieben- unddreißig Tage, das sind fünf Wo- chen und zwei Tage des Omer.	23. Mai	13. Mai
הַיּוֹם שְׁמוֹנָה וּשְׁלֹשִׁים יוֹם שֶׁהֵם חֲמִשָּׁה שָׁבוּעוֹת וּשְׁלֹשָׁה יָמִים לָעֹמֶר.	*Hajom sch'monah uschloschim jom schehem chamischah schawuot uschloschah jamim la-Omer.*	Heute sind achtund- dreißig Tage, das sind fünf Wochen und drei Tage des Omer.	24. Mai	14. Mai
הַיּוֹם תִּשְׁעָה וּשְׁלֹשִׁים יוֹם שֶׁהֵם חֲמִשָּׁה שָׁבוּעוֹת וְאַרְבָּעָה יָמִים לָעֹמֶר.	*Hajom tischah uschloschim jom schehem chamischah schawuot we'arbaah jamim la-Omer.*	Heute sind neun- unddreißig Tage, das sind fünf Wo- chen und vier Tage des Omer.	25. Mai	15. Mai
הַיּוֹם אַרְבָּעִים יוֹם שֶׁהֵם חֲמִשָּׁה שָׁבוּעוֹת וַחֲמִשָּׁה יָמִים לָעֹמֶר.	*Hajom arbaim jom schehem chamischah schawuot vachamischah jamim la-Omer.*	Heute sind vierzig Tage, das sind fünf Wochen und fünf Tage des Omer.	26. Mai	16. Mai
הַיּוֹם אֶחָד וְאַרְבָּעִים יוֹם שֶׁהֵם חֲמִשָּׁה שָׁבוּעוֹת וְשִׁשָּׁה יָמִים לָעֹמֶר.	*Hajom echad we'arbaim jom schehem chamischah schawuot we'schischah jamim la-Omer.*	Heute sind einund- vierzig Tage, das sind fünf Wochen und sechs Tage des Omer.	27. Mai	17. Mai
הַיּוֹם שְׁנַיִם וְאַרְבָּעִים יוֹם שֶׁהֵם שִׁשָּׁה שָׁבוּעוֹת לָעֹמֶר.	*Hajom sch'nayim we'arbaim jom schehem schischah schawuot la-Omer.*	Heute sind zwei- undvierzig Tage, das sind sechs Wochen des Omer.	28. Mai	18. Mai
הַיּוֹם שְׁלֹשָׁה וְאַרְבָּעִים יוֹם שֶׁהֵם שִׁשָּׁה שָׁבוּעוֹת וְיוֹם אֶחָד לָעֹמֶר.	*Hajom schloschah we'arbaim jom schehem schischah schawuot wejom echad la-omer.*	Heute sind dreiund- vierzig Tage, das sind sechs Wochen des Omer.	29. Mai	19. Mai

HaJom	Umschrift	Übersetzung	2022	2023
הַיּוֹם אַרְבָּעָה וְאַרְבָּעִים יוֹם שֶׁהֵם שִׁשָּׁה שָׁבוּעוֹת וּשְׁנֵי יָמִים לָעֹמֶר.	*Hajom arbaah we'arbaim jom schehem schischah schawuot uschnei jamim la-Omer.*	Heute sind vierund-vierzig Tage, das sind sechs Wochen und zwei Tage des Omer.	30. Mai	20. Mai
הַיּוֹם חֲמִשָּׁה וְאַרְבָּעִים יוֹם שֶׁהֵם שִׁשָּׁה שָׁבוּעוֹת וּשְׁלֹשָׁה יָמִים לָעֹמֶר.	*Hajom cha-mischah we'ar-baim jom schehem schischah scha-wuot uschloschah jamim la-Omer.*	Heute sind fünfund-vierzig Tage, das sind sechs Wochen und drei Tage des Omer.	31. Mai	21. Mai
הַיּוֹם שִׁשָּׁה וְאַרְבָּעִים יוֹם שֶׁהֵב שִׁשָּׁה שָׁבוּעוֹת וְאַרְבָּעָה יָמִים לָעֹמֶר.	*Hajom schischah we'arbaim jom schehem schischah schawuot we'arbaah jamim la-Omer.*	Heute sind sechs-undvierzig Tage, das sind sechs Wochen und vier Tage des Omer.	01. Jun	22. Mai
הַיּוֹם שִׁבְעָה וְאַרְבָּעִים יוֹם שֶׁהֵם שִׁשָּׁה שָׁבוּע וֹר. וַחֲמִשָּׁה יָמִים לָעֹמֶר.	*Hajom schivah we'arbaim jom schehem schischah schawuot vacha-mischah jamim la-Omer.*	Heute sind sieben-undvierzig Tage, das sind sechs Wochen und fünf Tage des Omer.	02. Jun	23. Mai
הַיּוֹם שְׁמוֹנָה וְאַרְבָּעִים יוֹם שֶׁהֵם שִׁשָּׁה שָׁבוּעוֹת וְשִׁשָּׁה יָמִים לָעֹמֶר.	*Hajom sch'mo-nah we'arbaim jom schehem schischah scha-wuot we'schischah jamim la-Omer.*	Heute sind achtund-vierzig Tage, das sind sechs Wochen und sechs Tage des Omer.	03. Jun	24. Mai
הַיּוֹם תִּשְׁעָה וְאַרְבָּעִים יוֹם שֶׁהֵם שִׁבְעָה שָׁבוּעוֹת לָעֹמֶר.	*Hajom tischah we'arbaim jom schehem schivah schawuot la-omer.*	Heute sind neun-undvierzig Tage, das sind sieben Wochen des Omer.	04. Jun	25. Mai

TERMINE BIS 2026

07.09.2021	**Rosch haSchanah 5782**		28.09.2022	Tzom Gedaliah
08.09.2021	Rosch haSchanah Zweiter Tag		05.10.2022	Jom Kippur
09.09.2021	Tzom Gedaliah		10.10.2022	Sukkot Erster Tag
16.09.2021	Jom Kippur		11.10.2022	Sukkot Zweiter Tag
21.09.2021	Sukkot Erster Tag		16.10.2022	Sukkot Tag 7 (Hoschana Raba)
22.09.2021	Sukkot Zweiter Tag		17.10.2022	Schmini Atzeret
27.09.2021	Sukkot Tag 7 (Hoschana Raba)		18.10.2022	Simchat Torah
28.09.2021	Schmini Atzeret		18.12.2022	Chanukah: 1 Kerze
29.09.2021	Simchat Torah		26.12.2022	Chanukah: achter Tag
28.11.2021	Chanukah: 1 Kerze		03.01.2023	Asara B'Tewet
06.12.2021	Chanukah: achter Tag		06.02.2023	Tu B'Schwat
14.12.2021	Asara B'Tewet		06.03.2023	Ta'anit Esther
17.01.2022	Tu B'Schwat		07.03.2023	Purim
15.02.2022	Purim Katan		08.03.2023	Schuschan Purim
16.03.2022	Ta'anit Esther		05.04.2023	Ta'anit Bechorot
17.03.2022	Purim		06.04.2023	Pessach I
18.03.2022	Schuschan Purim		07.04.2023	Pessach Zweiter Tag
14.04.2022	Ta'anit Bechorot		18.04.2023	Jom haSchoah
16.04.2022	Pessach I		25.04.2023	Jom HaZikaron
17.04.2022	Pessach Zweiter Tag		26.04.2023	Jom HaAtzma'ut
28.04.2022	Jom haSchoah		09.05.2023	Lag B'Omer
04.05.2022	Jom HaZikaron		19.05.2023	Jom Jeruschalajim
05.05.2022	Jom HaAtzma'ut		26.05.2023	Schawuot
19.05.2022	Lag B'Omer		27.05.2023	Schawuot Zweiter Tag
29.05.2022	Jom Jeruschalajim		06.07.2023	Tzom Tammuz
05.06.2022	Schawuot		27.07.2023	Tischa beAw
06.06.2022	Schawuot Zweiter Tag		16.09.2023	**Rosch haSchanah 5784**
17.07.2022	Tzom Tammuz		17.09.2023	Rosch haSchanah Zweiter Tag
07.08.2022	Tischa beAw		18.09.2023	Tzom Gedaliah
26.09.2022	**Rosch haSchanah 5783**		25.09.2023	Jom Kippur
27.09.2022	Rosch haSchanah Zweiter Tag		30.09.2023	Sukkot Erster Tag

01.10.2023	Sukkot Zweiter Tag		25.12.2024	Chanukah: 1 Kerze
06.10.2023	Sukkot Tag 7 (Hoschana Raba)		02.01.2025	Chanukah: achter Tag
07.10.2023	Schmini Atzeret		10.01.2025	Asara B'Tewet
08.10.2023	Simchat Torah		13.02.2025	Tu B'Schwat
07.12.2023	Chanukah: 1 Kerze		13.03.2025	Ta'anit Esther
15.12.2023	Chanukah: achter Tag		14.03.2025	Purim
22.12.2023	Asara B'Tewet		16.03.2025	Schuschan Purim
25.01.2024	Tu B'Schwat		10.04.2025	Ta'anit Bechorot
23.02.2024	Purim Katan		13.04.2025	Pessach I
21.03.2024	Ta'anit Esther		14.04.2025	Pessach Zweiter Tag
24.03.2024	Purim		25.04.2025	Jom haSchoah
25.03.2024	Schuschan Purim		30.04.2025	Jom HaZikaron
22.04.2024	Ta'anit Bechorot		01.05.2025	Jom HaAtzma'ut
23.04.2024	Pessach I		16.05.2025	Lag B'Omer
24.04.2024	Pessach Zweiter Tag		26.05.2025	Jom Jeruschalajim
05.05.2024	Jom haSchoah		02.06.2025	Schawuot
12.05.2024	Jom HaZikaron		03.06.2025	Schawuot Zweiter Tag
13.05.2024	Jom HaAtzma'ut		13.07.2025	Tzom Tammuz
26.05.2024	Lag B'Omer		03.08.2025	Tischa beAw
05.06.2024	Jom Jeruschalajim		23.09.2025	**Rosch haSchanah 5786**
12.06.2024	Schawuot		24.09.2025	Rosch haSchanah Zweiter Tag
13.06.2024	Schawuot Zweiter Tag		25.09.2025	Tzom Gedaliah
23.07.2024	Tzom Tammuz		02.10.2025	Jom Kippur
13.08.2024	Tischa beAw		07.10.2025	Sukkot Erster Tag
03.10.2024	**Rosch haSchanah 5785**		08.10.2025	Sukkot Zweiter Tag
04.10.2024	Rosch haSchanah Zweiter Tag		13.10.2025	Sukkot Tag 7 (Hoschana Raba)
06.10.2024	Tzom Gedaliah		14.10.2025	Schmini Atzeret
12.10.2024	Jom Kippur		15.10.2025	Simchat Torah
17.10.2024	Sukkot Erster Tag		14.12.2025	Chanukah: 1 Kerze
18.10.2024	Sukkot Zweiter Tag		22.12.2025	Chanukah: achter Tag
23.10.2024	Sukkot Tag 7 (Hoschana Raba)		30.12.2025	Asara B'Tewet
24.10.2024	Schmini Atzeret		02.02.2026	Tu B'Schwat
25.10.2024	Simchat Torah		02.03.2026	Ta'anit Esther

03.03.2026	Purim	23.07.2026	Tischa beAw
04.03.2026	Schuschan Purim	12.09.2026	**Rosch haSchanah 5787**
01.04.2026	Ta'anit Bechorot	13.09.2026	Rosch haSchanah Zweiter Tag
02.04.2026	Pessach I	14.09.2026	Tzom Gedaliah
03.04.2026	Pessach Zweiter Tag	21.09.2026	Jom Kippur
14.04.2026	Jom haSchoah	26.09.2026	Sukkot Erster Tag
21.04.2026	Jom HaZikaron	27.09.2026	Sukkot Zweiter Tag
22.04.2026	Jom HaAtzma'ut	02.10.2026	Sukkot Tag 7 (Hoschana Raba)
05.05.2026	Lag B'Omer	03.10.2026	Schmini Atzeret
15.05.2026	Jom Jeruschalajim	04.10.2026	Simchat Torah
22.05.2026	Schawuot	04.12.2026	Chanukah: 1 Kerze
23.05.2026	Schawuot Zweiter Tag	12.12.2026	Chanukah: achter Tag
02.07.2026	Tzom Tammuz	20.12.2026	Asara B'Tewet

TORAHLESUNGEN

Torahabschnitt	Buch	Kapitel
Acharei Mot	3.B.M.	16,1-18,30
Balak	4.B.M.	22,2-25,9
Bechukotaj	3.B.M.	26,3-27,34
Beha'alotcha	4.B.M.	8,1-12,16
Behar	3.B.M.	25,1-26,2
Bemidbar	4.B.M.	1,1-4,20
Bereschit	1.B.M.	1,1-6,8
Beschalach	2.B.M.	13,17-17,16
Bo	2.B.M.	10,1-13,16
Chaje Sara	1.B.M.	23,1-25,18
Chukat	4.B.M.	19,1-22,1
Dewarim	5.B.M.	1,1-3,22
Ekew	5.B.M.	7,12-11,25
Emor	3.B.M.	21,1-24,23
Ha'asinu	5.B.M.	32,1-52
Jitro	2.B.M.	18,1-20,23
Kedoschim	3.B.M.	9,1-20,27
Ki Tawo	5.B.M.	26,1-29,8
Ki Tetze	5.B.M.	21,10-25,19
Ki Tissa	2.B.M.	30,11-34,35
Korach	4.B.M.	16,1-18,32
Lech Lecha	1.B.M.	12,1-17,27
Mase	4.B.M.	33,1-36,13
Matot	4.B.M.	30,2-32,42
Metzora	3.B.M.	14,1-15,33

Torahabschnitt	Buch	Kapitel
Miketz	1.B.M.	41,1-44,17
Mischpatim	2.B.M.	21,1-24,18
Nasso	4.B.M.	4,21-7,89
Nitzawim	5.B.M.	29,9-30,20
Noach	1.B.M.	6,9-11,32
Pekude	2.B.M.	38,21-40,38
Pinchas	4.B.M.	25,10-30,1
Re'eh	5.B.M.	11,26-16,17
Schemini	3.B.M.	9,1-11,47
Schemot	2.B.M.	1,1-6,1
Schlach Lecha	4.B.M.	13,1-15,41
Schoftim	5.B.M.	16,18-21,9
Tazria	3.B.M.	12,1-13,59
Tetzawe	2.B.M.	27,20-30,10
Toldot	1.B.M.	25,19-28,9
Trumah	2.B.M.	25,1-27,19
Tzaw	3.B.M.	6,1-8,36
Wa'era	2.B.M.	6,2-9,35
Waetchanan	5.B.M.	3,23-7,11
Wajakhel	2.B.M.	35,1-38,20
Wajechi	1.B.M.	47,28-50,26
Wajelech	5.B.M.	31,1-30
Wajera	1.B.M.	18,1-22,24
Wajeschew	1.B.M.	37,1-40,23
Wajeze	1.B.M.	28,10-32,3
Wajigasch	1.B.M.	44,18-47,2
Wajikra	3.B.M.	1,1-5,26

Torahabschnitt	Buch	Kapitel
Wajischlach	1.B.M.	32,4-36,43
Wezot Habracha	5.B.M.	33,1-34,12

TORAHLESUNGEN FÜR BESONDERE TAGE

Torahabschnitt	Buch	Kapitel
Rosch Chodesch	3.B.M.	16,1-18,30
Schabbat Erew Rosch Chodesch	4.B.M.	22,2-25,9
Schabbat Rosch Chodesch Lesung	regulärer Wochenabschnitt	
Schabbat Rosch Chodesch Maftir	4.B.M.	28,9-15
Alle Fastentage	2.B.M.	32,11-14; 34,1-10
Rosch haSchanah Tag 1 Lesung	1.B.M.	21 vollständig
Rosch haSchanah Tag 1 Maftir	4.B.M.	29,1-6
Rosch haSchanah Tag 2 Lesung	1.B.M.	22 vollständig
Rosch haSchanah Tag 2 Maftir	4.B.M.	29,1-6
Jom Kippur Schacharit Lesung	3.B.M.	16 vollständig
Jom Kippur Schacharit Maftir	4.B.M.	29,7-11
Jom Kippur Minchah	3.B.M.	18 vollständig
Sukkot Tag 1 Lesung	3.B.M.	22,16-23-44
Sukkot Tag 1 Maftir	4.B.M.	29,12-16
Sukkot Tag 2 Lesung	3.B.M.	22,16-23-44
Sukkot Tag 2 Maftir	4.B.M.	29,12-16
Sukkot Chol ha Mo'ed 1	4.B.M.	29,17-25
Sukkot Chol ha Mo'ed 2	4.B.M.	29,20-28
Sukkot Chol ha Mo'ed 3	4.B.M.	29,23-31
Sukkot Chol ha Mo'ed 4	4.B.M.	29,26-34
Schabbat Chol haMo'ed Sukkot	2.B.M.	33,12-34,26

Torahabschnitt	Buch	Kapitel
Sch. Ch'. M.' Sukkot Maftir Tag 1	4.B.M.	29,17-22
Sch. Ch'. M.' Sukkot Maftir Tag 2	4.B.M.	29,20-25
Sch. Ch'. M.' Sukkot Maftir Tag 4	4.B.M.	29,26-31
Hoschanah Rabbah	4.B.M.	29,26-34
Schemini Atzeret Lesung	5.B.M.	14,22-16,17
Schemini Atzeret Maftir	4.B.M.	29,35-30,1
Simchat Torah Lesung	5.B.M.	33,1-34,12
Simchat Torah Lesung	1.B.M.	1,1-2,3
Simchat Torah Maftir	4.B.M.	29,35-30,1
Chanukkah Tag 1	4.B.M.	7,1-17
Chanukkah Tag 2	4.B.M.	7,18-29
Chanukkah Tag 3	4.B.M.	7,24-35
Chanukkah Tag 4	4.B.M.	7,30-41
Chanukkah Tag 5	4.B.M.	7,36-47
Tag 6 (Rosch Chodesch)	4.B.M.	28,1-15; 7,42-47
Chanukkah Tag 7 - wenn Rosch Chodesch ist	4.B.M.	28,1-15; 7,48-53
Chanukkah Tag 7 - wenn nicht Rosch Chodesch ist	4.B.M.	7,48-59
Chanukkah Tag 8	4.B.M.	7.54-8,4
Schabbat Chanukkah (Maftir)	Abschnitt des jeweiligen Tages (oben)	
Schabbat Chanukkah und Tag 6	6 Alijot des regulären Abschnitts, dann 4.B.M. 28,9-15 (Alija 7), dann 4.B.M. 7,42-47 als Maftir. (3 Torahrollen)	
Zweiter Schabbat Chanukkah (Maftir)	4.B.M.	7,54-8,4
Schekalim	regulärer Wochenabschnitt	

Torahabschnitt	Buch	Kapitel
Schekalim (Maftir)	2.B.M.	30,11-16
Sachor	regulärer Wochenabschnitt	
Sachor (Maftir)	5.B.M.	25,17-19
Purim	2.B.M.	17,8-16
Parah	regulärer Wochenabschnitt	
Parah (Maftir)	4.B.M.	19,1-22
HaChodesch	regulärer Wochenabschnitt	
HaChodesch (Maftir)	2.B.M.	12,1-20
Schabbat haGadol	regulärer Wochenabschnitt	
Pessach Tag 1	2.B.M.	12,21-51
Pessach Tag 1 (Maftir)	4.B.M.	28,16-25
Pessach Tag 2	3.B.M.	22,26-23,44
Pessach Tag 2 (Maftir)	4.B.M	28,16-25
Chol haMo'ed Fessach Tag 1	2.B.M.	13,1−16
Chol haMo'ed Pessach Tag 2	2.B.M.	22,24−23,19
Chol haMo'ed Pessach Tag 3	2.B.M.	34,1−26
Chol haMo'ed Pessach Tag 4	2.B.M.	9,1−14
Chol haMo'ed 1-4 Maftir	4.B.M.	28,19−25
Schabbat Chol haMo'ed Pessach	2.B.M.	33,12−34,26
Schabbat Chol haMo'ed P. (Maftir)	4. B.M.	28,19−25
Pessach Tag 7	2. B.M.	13,17−15,26
Pessach Tag 7 (Maftir)	4. B.M.	28,19−25
Pessach Tag 8	5. B.M.	15,19−16,17
Pessach Tag 8 (Maftir)	4. B.M.	28,19−25
Pessach Tag 8 und Schabbat	5. B.M.	14,22−16,17
Pessach Tag 8 und Sch. (Maftir)	4. B.M.	28,19−25
Schawu'ot Tag 1	2. B.M.	19,1−20,23

Torahabschnitt	Buch	Kapitel
Schawu'ot Tag 1 (Maftir)	4. B.M.	28,26–31
Schawu'ot Tag 2	5. B.M.	15,19–16,17
Schawu'ot Tag 2 (Maftir)	4. B.M.	28,26–31
Schawu'ot Tag 2 und Schabbat	5. B.M.	14,22–16,17
Schawu'ot Tag 2 und Sch. (Maftir)	4. B.M.	28,26–31
Tischa BeAw Schacharit	5. B.M.	4,25–40
Tischa BeAw Minchah	2. B.M.	32,11–14, 34,1–10

HAFTAROT

Buch	Aschkenasisch	Frankfurt a.M.	Chabad	Sefardisch	Italienisch	Jemenitisch
Bereschit	Jeschajahu	42:5–43:10	42:5–21		42:5–21	42:1–21	42:1–16
Noach	Jeschajahu	54:1–55:5	54:1–10		55:1–10	54:1–55:5	54:1–55:5
Lech-Lecha	Jeschajahu		40:27–41:16		40:27–41:16	40:25–41:17	40:25–41:17
Wajera	2. Melachim		4:1–37		4:1–23		4:1–37
Chaje Sarah	1. Melachim		1:1–31			1:1–34	1:1–31,46
Toldot	Malachi			1:1–2:7			1:1–3:4
Wajetze	Hoschea		12:13–14:10		11:7–12:12	1:1–2:7	11:7–12:14
Wajischlach	Hoschea		11:7–12:12				
	Owadjah					1:1–21	
Wajeschew	Amos			2:6–3:8			
Miketz	1. Melachim		3:15–4:1			3:15–28	3:15–4:1
Wajigasch	Jechezkiel			37:15–28			
Wajechi	1. Melachim			2:1–12			

Parascha	Buch	Aschkenasisch	Frankfurt a.M.	Chabad	Sefardisch	Italienisch	Jemenitisch
Schemot	Jeschajahu		27:6–28:13; 29:22–23				
	Jirmejahu				1:1–2:3	1:1–2:3	
	Jechezkiel						16:1–14
Wa'era	Jechezkiel		28:25–29:21			28:24–29:21	28:24–29:21
Bo	Jirmejahu		46:13–28				
	Jeschajahu					18:7–19:25	19:1–19:25
Beschalach	Schoftim		4:4–5:31		5:1–5:31	4:4–5:3	4:23–5:31
Jitro	Jeschajahu		6:1–7:6; 9:5–6		6:1–13	6:1–13	6:1–6:13
Mischpatim	Jirmejahu			34:8–22; 33:25–26			34:8–35:19; 33:25–26
Trumah	1. Melachim			5:26–6:13			
Tetzaweh	Jechezkiel			43:10–27			
Ki Tisa	1. Melachim		18:1–39		18:20–39		18:1–45
Wajachel	1. Melachim		7:40–50		7:13–26	7:13–22	
Pekudej	1. Melachim		7:51–8:21			7:40–50	
Wajikra	Jeschajahu		43:21–44:23	43:21–44:23			43:21–44:6

	Buch	Aschkenasisch	Frankfurt a.M.	Chabad	Sefardisch	Italienisch	Jemenitisch
Tzaw	Jirmejahu			7:21–8:3; 9:22,23			7:21–28; 9:22,23
Schemini	2. Schmuel		6:1–7:17		6:1–19	6:1–7:3	
Tazria	2. Melachim			4:42–5:19			
Tazria–Metzora	2. Melachim			7:3–20			
Metzora	2. Melachim		7:3–20			7:1–20; 13:23	
Acharej	Jechezkiel		22:1–19			22:1–16	
Acharej–Kedoschim	Amos		9:7–15			9:7–15	
	Jechezkiel				20:2–20		
Kedoschim	Amos		9:7–15				
	Jechezkiel				20:2–20		20:1–15
Emor	Jechezkiel			44:15–31			
Behar	Jirmejahu		32:6–27			16:19–17:14	16:19–17:14
Behar–Bechukotaj	Jirmejahu			16:19–17:14			

	Buch	Aschkenasisch	Frankfurt a.M.	Chabad	Sefardisch	Italienisch	Jemenitisch
Bechukotaj	Jirmejahu	16:19-17:14	16:19-17:14	16:19-17:14	16:19-17:14		
	Jechezkiel					34:1-15	34:1-27
Bamidbar	Hoschea	2:1-22	2:1-22	2:1-22	2:1-22		
Naso	Schoftim	13:2-25	13:2-25	13:2-25	13:2-25	13:2-24	13:2-24
Beha'alotcha	Zacharjah	2:14-4:7	2:14-4:7	2:14-4:7	2:14-4:7		2:14-4:9
Schlach	Joschua	2:1-24	2:1-24	2:1-24	2:1-24		
Korach	1. Schmuel	11:14-12:22	11:14-12:22	11:14-12:22	11:14-12:22		
Chukat	Schoftim	11:1-33	11:1-33	11:1-33	11:1-33		11:1-40
Chukat-Balak	Michah		5:6-6:8	5:6-6:8		5:4-6:8	5:6-6:8
Balak	Michah		5:6-6:8	5:6-6:8		5:4-6:8	5:6-6:8
Pinchas <18. Tammus	1. Melachim	8:46-19:21	8:46-19:21	8:46-19:21	8:46-19:21		
Pinchas >17. Tammus	Jirmejahu	1:1-2:3	1:1-2:3	1:1-2:3	1:1-2:3		
Matot	Jirmejahu	1:1-2:3	1:1-2:3	1:1-2:3	2:4-28; 4:1-2		1:1-2:3
	Joschua					13:15-33	
Matot-Masej	Jirmejahu	2:4-28; 3:4	2:4-28; 3:4	2:4-28; 3:4	2:4-28; 4:1-2		2:4-28
	Joschua					19:51-21:3	

	Buch	Aschkenasisch	Frankfurt a.M.	Chabad	Sefardisch	Italienisch	Jemenitisch
Masej	Jirmejahu		2:4–28; 3:4		2:4–28; 4:1–2		
	Jeschajahu						1:1–20
	Joschua					19:51–21:3	
Dewarim	Jeschajahu			1:1–27			1:21–31
Wa'etchanan	Jeschajahu			40:1–26			40:1–27,41:17
Ekew	Jeschajahu				49:14–51:3		
Re'eh	Jeschajahu				54:11–55:5		
Schoftim	Jeschajahu		51:12–52:12				51:12–52:12
	1. Schmuel					8:1–22	
Ki Tetze	Jeschajahu		54:1–10				54:1–10
	1. Schmuel					17:1–37	
Ki Tawo	Jeschajahu		60:1–22				60:1–22
	Joschua					8:30–9:27	
Nitzawim	Jeschajahu		61:10–63:9				61:9–63:9
	Joschua					24:1–18	

	Buch	Aschkenasisch	Frankfurt a.M.	Chabad	Sefardisch	Italienisch	Jemenitisch
Nitzawim–Wajelech	Jeschajahu			61:10–63:9			
Wajelech	Jeschajahu			55:6–56:8			
Haazinu	2. Schmuel		22:1–51				
	Jechezkiel						17:22–18:32
Machar Chodesch	1. Schmuel			20:18–42			
Schabbat R'Ch'.	Jeschajahu			66:1–24, 66:23			66:1–24
HaChodesch	Jechezkiel		45:16–46:18		45:18–46:15	45:18–46:18	45:9–46:11
HaGadol	Malachi				3:4–24; 3:23		
Pessach Tag 1	Joschua				5:2–6:1; 6:27		
Pessach Tag 2	2. Melachim		23:1–9; 23:21–25				22:1–7; 23:21–25
Sch'Ch' Pessach	Jechezkiel		37:1–17				36:37–37:14
Pessach Tag 7	2. Schmuel			22:1–51			
Pessach Tag 8	Jeschajahu			10:32–12:6			
Jom ha'atzmaut	Jeschajahu			10:32–12:6			
Schawuot Tag 1	Jechezkiel			1:1–2; 3:12			1:1–2:2; 3:12

	Buch	Aschkenasisch	Frankfurt a.M.	Chabad	Sefardisch	Italienisch	Jemenitisch
Schawuot Tag 2	Habakkuk	2:20–3:19	2:20–3:19	2:20–3:19	2:20–3:19	2:20–3:19	2:20–3:19
9. Aw Schacharit	Jirmejahu	8:13–9:23	8:13–9:23	8:13–9:23	8:13–9:23	8:13–9:23	6:16–17; 8:13–9:23
9. Aw Minchah	Jeschajahu	55:6–56:8	55:6–56:8				
9. Aw Minchah	Hoschea				14:2–10	14:2–10	14:2–10 (Michah 7,18–20)
Sch' R'Ch' Elul	Jeschajahu	In einigen Gemeinden wird die Haftarah für den regulären Rosch Chodesch gelesen, in anderen wird am Schabbat Re'eh die Haftarah für diesen Schabbat gelesen.					
Rosch haSchanah	1. Schmuel	1:1–2:10	1:1–2:20	1:1–2:10	1:1–2:10	1:1–2:10	1:1–2:10
R'haSch' 2	Jirmejahu	31:1–19	31:1–19	31:1–19	31:1–19	31:1–20	31:1–19
Jom Kippur Sch'	Jeschajahu	57:14–58:14	57:14–58:14	57:14–58:14	57:14–58:14	57:14–58:14; 59:20–21	57:14–58:14; 59:20–21
Jom Kippur M'		Das Buch Jonah und Michah 7:18–20					
Sukkot Tag 1	Zacharjah	14:1–21	14:1–21	14:1–21	14:1–21	14:1–21	13:9–14:21
Sukkot Tag 2	1. Melachim	8:2–21	8:2–21	8:2–21	8:2–21	7:51–8:16	
Sch'Ch'M' Sukkot	Jechezkiel	38:18–39:16	38:18–39:16	38:18–39:16	38:18–39:10	38:18–39:10	38:1–38:23
Schemini Atzeret	1. Melachim	8:54–66	8:54–66	8:54–66	8:54–66	8:54–66	
Simhat Torah	Joschua	1:1–18	1:1–18	1:1–18	1:1–9	1:1–18	1:1–9; 6:27

Buch	Aschken-asisch	Frankfurt a.M.	Chabad	Sefardisch	Italienisch	Jemenitisch
Chanukkah Sch' 1 Zacharjah			2:14–4:7			2:14–4:9
Chanukkah Sch' 2 1. Melachim			7:40–50			
Sch' Schekalim 2. Melachim		12:1–17		11:17–12:17	12:1–17	
Sch' Sachor 1. Schmuel		15:2–34		15:1–34	15:2–34	14:52–15:33
Sch' Parah Jechezkiel		36:16–38		36:16–36	36:16–38	36:16–36
Fasten Minchah Jeschajahu				55:6–56:8		
Bräutigam Jeschajahu				61,9–62,9		